# 海底沉管隧道
# 地基基础变形控制研究

李　斌　潘　伟　刘　润　李锦辉◎编著

Study on Deformation Control of Foundation
for Submarine Immersed Tube Tunnels

ZHEJIANG UNIVERSITY PRESS
浙江大学出版社
·杭州·

**图书在版编目（CIP）数据**

海底沉管隧道地基基础变形控制研究／李斌等编著.
杭州：浙江大学出版社，2025.7. -- ISBN 978-7-308
-26528-7

Ⅰ.U459.5

中国国家版本馆 CIP 数据核字第 2025KA7126 号

**海底沉管隧道地基基础变形控制研究**

李 斌 潘 伟 刘 润 李锦辉 编著

| | | |
|---|---|---|
| 责任编辑 | 陈 宇 | |
| 责任校对 | 赵 伟 | |
| 封面设计 | 雷建军 | |
| 出版发行 | 浙江大学出版社 | |
| | （杭州市天目山路 148 号 邮政编码 310007） | |
| | （网址：http://www.zjupress.com） | |
| 排 版 | 杭州星云光电图文制作有限公司 | |
| 印 刷 | 杭州钱江彩色印务有限公司 | |
| 开 本 | 710mm×1000mm 1/16 | |
| 印 张 | 13.75 | |
| 字 数 | 270 千 | |
| 版 印 次 | 2025 年 7 月第 1 版 2025 年 7 月第 1 次印刷 | |
| 书 号 | ISBN 978-7-308-26528-7 | |
| 定 价 | 78.00 元 | |

# 前　言

随着全球经济一体化进程的加快和海洋经济的蓬勃发展,跨海通道已成为连接区域经济、促进社会发展的重要基础设施。海底沉管隧道作为一种安全、高效、环保的跨海交通方式,在世界范围内得到了广泛应用。我国作为海洋大国,近年来在海底沉管隧道建设领域取得了举世瞩目的成就,港珠澳大桥海底沉管隧道、深中通道等重大工程的实施,标志着我国在该领域已跻身世界先进行列。

然而,海底沉管隧道建设面临着复杂的地质条件和严峻的海洋环境挑战。地基基础变形控制是确保海底沉管隧道长期安全运营的关键技术难题。在港珠澳大桥海底沉管隧道建设过程中,工程团队遇到了软土地基回弹再压缩变形显著、复合地基承载机理复杂、基床抛石体密实度控制困难等一系列技术难题。这些难题的解决不仅关系到工程本身的质量和安全,还对我国未来深水沉管隧道的建设具有重要指导意义。

本书依托港珠澳大桥海底沉管隧道工程,通过系统的现场监测、室内试验和数值模拟研究,深入探讨了沉管隧道地基基础变形控制的理论与方法。研究团队历时五年,收集了超过 2000 组现场监测数据,完成了 100 多组室内模型试验,开发了考虑土体结构性损伤的本构模型,建立了完整的沉管隧道地基变形预测与控制技术体系。

在土体回弹再压缩特性研究方面,本书揭示了不同前期固结压力下土体的变形规律。研究发现,回弹曲线具有平行特征,即临界卸荷比为 0.434,强回弹卸荷比为 0.841。再压缩特性研究表明,当加荷比为 0.2 时,变形量可达回弹量的 40%;当加荷比为 0.8 时,变形量与回弹量基本相等;当荷载达到前期最大固结压力时,变形量可达到回弹量的 1.2～1.4 倍。这些发现为准确预测地基变形提供了理论依据。

在本构模型开发方面,本书创新性地实现了等向、机动及旋转硬化三者的耦合,并基于 SANICLAY 模型开发了考虑土体各向异性和结构性的三维本构模型。本书通过子增量步显式算法实现了数值计算,验证了模型在描述结构性损伤方面的准确性和高效性。研究发现,传统的取 3~5 倍压缩模量作为弹性模量的方法会产生显著误差,因此本书推荐通过应力路径试验直接测定模量。

在挤密砂桩复合地基研究方面,本书系统分析了不同置换率下的承载特性。研究表明,置换率为 14%、38%、70%、100% 时,承载力较天然地基分别提高 1.4 倍、3.5 倍、5.1 倍和 8.5 倍。本书同时揭示了桩土应力比随荷载变化的规律及不同置换率下的破坏模式差异,还特别发现了临界长径比,即低置换率(38%)和高置换率(70%)的临界长径比分别为 5 和 6,这对优化桩长设计具有重要指导意义。

在基床工程研究方面,本书采用离散元方法建立了三种颗粒构造模型,并系统分析了振动参数对密实度的影响。研究发现,密实度随振动时间呈先增大后减小的趋势。碎石基床试验表明,碎石基床的压缩特性符合双曲线模型,且在 750kPa 压力下仍处于弹性阶段。

在沉降分析与预测方面,本书基于港珠澳大桥的监测数据提出了创新的临界荷载概念和设计方法。书中将沉管隧道沉降划分为瞬时沉降、回弹再压缩和正常固结沉降三个部分,并明确了各部分的产生机理和相互关系。研究发现,挤密砂桩复合地基能有效减小瞬时沉降,其加固区沉降主要源于桩身鼓胀变形与桩周土固结排水的协调作用。

本书通过数值模拟验证了理论模型的可靠性,计算结果与监测数据在分布规律上高度一致;通过反演分析优化了本构模型和参数选取方法,建立了更精确的沉降预测方法,还提出了考虑群桩效应的改进承载力公式,显著提高了计算精度。

本书研究成果不仅为港珠澳大桥海底沉管隧道的成功建设提供了关键技术支撑,更为海底沉管隧道地基基础变形研究提供了控制理论体系和技术方法,这对提升我国在跨海通道建设领域的技术水平具有重要意义。特别是本书提出的临界荷载设计方法和复合地基优化理论,为类似工程的设计施工提供了重要参考。

# 目　录

# 第 1 章
# 绪　论

## 1.1　研究意义

随着隧道施工技术的迅猛发展和港口工程的大量增加,沉管隧道逐渐成为跨江、跨海的主要形式[1-3]。我国在建的沉管隧道有广州生物岛至大学城沉管隧道、洲头咀沉管隧道、南昌青山湖沉管隧道、港珠澳大桥海底沉管隧道;拟建的有沈家门海底沉管隧道、黄浦江吴淞口沉管隧道、佛山市东乐河沉管隧道、深圳至中山沉管隧道等[4-5]。与跨越江河湖海的其他交通方式相比,沉管隧道具有的不影响通航、施工便利、对海洋环境影响小等优势,这使其成为设计者的首选[6]。

为保证海底沉管隧道的施工质量和运行安全,沉管隧道要求有极高的安装精度和严格的沉降控制[7]。沉管隧道管节安装精度不够将导致管节连接处发生扭曲变形甚至漏水。管节连接处的不均匀沉降将导致相邻管节错动而产生裂缝甚至导致管节失效。海底的地质情况极其复杂,且沉管隧道基础要经历基槽开挖、块石夯平、碎石垫层铺设、沉管安放、管顶回填、两侧锁定回填、工后管顶回淤等卸载和加载的过程,这使沉管隧道的安装精度控制和沉降控制变得更加困难[8]。

从港珠澳大桥的施工经验看,地基的回弹量一般不小于 30mm。在隧道沉管安放于开挖后的基槽中并进行回填锁定的过程中,地基土体将经历卸载—再加载的过程,因此对沉管隧道地基的回弹再压缩沉降进行准确的计算与特性分析,对保证沉管结构的安全极为重要。回弹量和再压缩量对沉管的准确安装有很大的影响,甚至对施工后期沉管隧道的沉降控制都有重要影响,所以在设计和施工阶段对两者进行准确预估是非常有必要的[9]。

复杂地质条件下海底沉管隧道地基开挖、地基回弹及工后沉降特性的相关研究较少,但随着人们对快捷、方便的交通需求的增加,沉管隧道的建设也越来越多,因此研究地基回弹再压缩机理及其特性具有重大的工程意义和社会意义。本书旨在掌握海底沉管隧道地基回弹再压缩机理,建立一种能满足海底沉管隧道施工要求的海底沉管隧道地基回弹再压缩模拟仿真技术,通过计算不同施工工况下沉管隧道地基回弹再压缩量和预测施工后沉管隧道回淤情况下的最终沉降,了解海底沉管隧道地基回弹再压缩特性,提出适用于海底沉管隧道的地基回弹再压缩计算方法,以达到指导设计、辅助施工和工后运行期协助管理的目的。

海底沉管隧道的回弹再压缩是沉管隧道发生沉降的一个重要因素。如果未能准确预测海底沉管隧道的回弹再压缩量,则会因地基下沉过大而产生隧道倾斜、隧道内路面开裂等现象,这些破坏甚至在经过多次维修后也未必能彻底整治,会造成很大的人力浪费和物力浪费。另外,随着我国对工程质量的逐渐重视及对循环经济和环保社会建设的加快,许多工程的使用期也要求增加,因此如何延长海底沉管隧道在长期沉降影响下的使用周期必将成为岩土工程研究的热点。本书通过研究海底沉管隧道基础回弹再压缩的理论和试验,分析地基土体应力历史与沉管隧道上部荷载对地基的影响,提出的地基回弹再压缩量的计算方法可以为海底沉管隧道工程的设计和施工提供技术指导,同时也为海底沉管隧道沉降预测和计算方法的进一步革新或改进奠定了基础。

针对海底沉管隧道展开海底地基回弹再压缩研究将有效提升沉管隧道的施工质量,保证施工安全,节约成本。对地基变形进行预测,将有力加强沉管隧道的沉降控制。随着沉管隧道在大型跨海通道中的广泛应用,本书的研究成果必然将产生显著的经济效益和社会效益。

本书旨在明确海底沉管隧道地基回弹再压缩机理,并提出切实可行的模拟手段。本书研究成果可广泛应用于预测海底沉管隧道基础沉降及控制沉降变形,为类似海底沉管隧道工程的设计和施工提供技术支撑,增强市场竞争力。

# 1.2　国内外研究概况

## 1.2.1　沉降计算方法

地基沉降领域已有丰富的研究成果,目前的地基沉降计算方法大致可划分为两类:一类是以分层总和法为代表的工程实用计算方法,包括把土体当作均质弹性体的弹性理论法及对分层总和法与弹性理论法的各种改进方法;另一类是能够考虑复杂本构模型的数值方法,如各种有限元计算方法。

地基的回弹再压缩问题,深受岩土工程界的重视。将开挖卸荷当作等量卸载问题进行分析是传统沉降分析理论采用的方法。可利用布辛尼斯克(Boussinesq)公式或明德林(Mindlin)公式,将回弹再压缩问题转化为均布荷载作用在一定深度内或半空间表面上的沉降进行回弹计算或沉降量计算。

国内外有不少学者对基坑开挖回弹问题做过研究。吴胜发等[8]研究了线弹性介质内条形挖方底面的隆起问题;Duncan 等[9]利用曲线模型,对基坑隆起进行了有限元计算;Bose 等[10]运用二维有限元方法模拟了基坑分步开挖过程,对于土体的本构关系,他们采用了修正剑桥模型模拟了土体的非线性。

侯学渊等[11]对基坑底部隆起常用的计算模型进行了对比分析,对基坑开挖面以下不同深度层土在基坑开挖后的土体回弹性状态做了宝贵探索。

宰金珉[12]推导了基坑开挖回弹的简化估算公式,该方法比按弹性半空间卸荷的传统计算方法更符合实际,计算结果更接近实测结果。

罗战友[13]提出了回弹区和强回弹区的范围。

吉茂杰等[14]研究了地铁隧道的位移变化规律,分析了时间效应和空间效应对基坑隆起的影响规律。

陈永福[15]得出了土体在卸载时的变形规律,并在此基础上建立了非线性的比奥特(Biot)固结理论模型,用有限元与无限元耦合的计算方法数值分析了基坑开挖宽度、开挖深度和横撑刚度对回弹的影响规律,以及回弹在地基土中的分布规律,提出了一种估算回弹的方法。

地基沉降计算方法中的工程实用计算法包括把土体当作均质弹性体的弹性理论法及对分层总和法与弹性理论法的各种改进方法[16-17],如黄文熙法、应力路径法等都是希望更好地考虑土特性的工程实用计算方法。Skempton 等[18]提出了采用三维孔隙压力计算主固结沉降量的修正方法,其中修正系数与计算土层厚度及孔隙压力系数有关;曾国熙等[19]得出了土体切变模量的试验表达式,并据此提出了三维压缩非线性模量地基沉降计算方法;杨光华[20]提出了一种简化的非线性地基沉降计算方法;沈珠江[21]较早将有限元应用于软黏土地基的固结变形分析;殷宗泽[22]探讨了单屈服面弹塑性模型存在的问题,编制了土体非线性及弹塑性 Biot 固结平面有限元程序;张延军等[23]用弹黏塑性模型对海积土堆载预压沉降进行了Biot 固结数值分析,并在计算中考虑了多级加载条件下海积软土的蠕变特性。

李建民等[24-25]结合大量不同土性土体的回弹再压缩试验和模型试验,提出了再加荷比与再压缩比率的概念,并在此基础上得出了土体再压缩变形的基本规律。

王光杰等[26]利用室内回弹试验、野外平板载荷试验和堆载试验,综合确定了大型深基坑内结构物地基土体的再压缩模量,利用有限元方法对沉管的沉降差进行分析和计算,获得了沉管地基在不同施工阶段的变形量,计算结果与实测值较为吻合。

徐干成等[27]提出用不同土性的试验公式计算由基槽开挖引起的土体回弹变形。管段沉放后,沉管浮重和覆土荷载会使槽底土层再次受到压缩而发生再压缩变形。他们提出实测沉管工后下沉量,用弹性理论或塑性理论的反演方法推算地基的弹性系数和土的强度参数获得土材料弹性计算参数这一简便可靠的方法。

李国维等[28]通过超载卸荷后再压缩这样的一维压缩试验发现,次固结系数和超载比之间具有规则的对应关系,且可以用双曲线简化模型模拟。

赵锡宏等[29]依托上海外环沉管隧道工程对大面积、超补偿的干坞地基变形进行了研究,他们分别用实测统计实用公式、回弹预测理论简化方法、层状土横观各向同性解析解、有限层元法及考虑 Biot 固结理论的各向同性数值模拟计算方法对大面积沉管干坞地基的回弹再压缩量进行了计算和分析,发现考虑 Biot 固结理论的有限层元法可以较好地模拟整体施工过程,再现整个区域内的变形发展情况,是一种较好的预估和分析变形的手段,计算结果与实测值较为接近。

蒋关鲁等[30]应用 TLJ-2 型土工监测数据机,采用停机加载法与变加速度加载法,研究了海南东环客运专线和胶济客运专线中等压缩性土地基的沉降特性,并与现场填筑试验结果进行了对比,分析了应用离心模型试验方法预测原型地基沉降的主要影响因素与预测精度。

刘实等[31]以某重力式码头沉箱结构为研究对象,进行了基于此码头的两种方案的离心模型试验,研究了不同条件下重力式码头的变形情况并将试验结果与数值模拟计算结果进行对比,分析了多种条件下码头和地基的变形情况,并探讨了地基土模量和淤积土的开挖深度对变形的影响。

目前,国内外对沉管隧道地基回弹再压缩的研究鲜有涉及,相近研究主要集中在跨江浅埋中短沉管隧道及地基沉降方面。地基的回弹与沉降计算方法的准确程度取决于不同受力情况下土体的变形模量,而土体的模量尤其是土体的回弹再压缩模量的确定是一个非常复杂的问题,研究人员至今仍无法准确计算地基的变形量。在沉降计算方面,传统勘察手段存在扰动性大和室内试验土体参数离散性大等缺点,因此传统的分层总和法与弹性理论等常规方法的计算准确性很差,迫切需要对具有大开挖卸荷回弹特性的海底深埋沉管隧道的回弹与再压缩沉降计算方法做进一步研究。

## 1.2.2    本构模型的发展

自 1773 年库仑(Coulomb)提出库仑破坏准则以来,各国学者已发展出数百个土的本构模型,但常用的模型只有少数几个。

早期土力学中的变形分析主要是基于线弹性理论。在线弹性模型中,只需两个材料常数即可描述模型中应力与应变间的关系,即 $E$ 和 $v$,或 $K$ 和 $G$,或 $\lambda$ 和 $v$。其中,研究最多、应用最广的是非线性弹性模型,最具代表性的当属邓肯-张(Duncan-Chang)模型[32]。

20 世纪 50 年代末至 60 年代初,土塑性力学的发展,特别是金属塑性理论的突破,为研究土的本构模型开辟了一条新途径。其中,德鲁克尔-普拉赫尔(Drucker-Prager)模型就是这一时期提出的适用于岩土类材料的弹塑性本构模型,它是由 Drucker 和 Prager[33] 在考虑水压力的广义米塞斯(Mises)屈服准则的基础上建立起来的。

Drucker 等[34] 提出在摩尔-库仑(Mohr-Coulomb)锥形屈服面上再加一组强化帽形屈服面。Roscoe 等[35] 于 1963 年建立了著名的 Cam-Clay 本构模型,即剑桥模型,这标志着土的本构模型研究新阶段已开始。

1968 年,Roscoe 等[36] 对剑桥模型进行了修正,建立了修正的剑桥模型。Schanz 等[37] 在邓肯-张模型的基础上引入塑性理论,同时考虑了土的剪胀性和压缩屈服面,提出了硬化土模型(Hardening Soil Model)。将土体小应变分析用于土的动力分析,最早是为了模拟 Kondner[38] 双曲线关系。Hardin 等[39] 提出了剪切刚度与初始剪切刚度的关系,Benz[40] 则将这个关系用于硬化土模型中并加以修正,使硬化土模型能反映土的小应变刚度,这就是硬化土小应变本构模型(Hardening Soil Small),即 HSS 模型。更高级的能反映土体小应变的本构模型是由 Whittle 等[41] 提出的 MIT-E3 本构模型。MIT-E3 本构模型除了能反映常用模型特性外,还可以反映小应变的非线性、体积应变和剪应变之间的耦合关系及屈服面随固结应力状态变化的关系。同时,对于正常固结黏土,MIT-E3 本构模型能反映应力、应变的各向异性和应变软化的特性,但此模型比较复杂,需要通过 15 个参数来描述,且需要高质量的试验来确定参数,因而与直接应用于工程实践的理念存在一定的距离,而且当超固结比(OCR)$\geqslant 4$ 时,模型的预测能力与实际出入较大。

关于土体小应变特性的研究,当土体处于非常小的应变下时,其刚度具有高度的非线性,且土体真实刚度值明显要比从常规试验得到的名义弹性刚度值高很多。该发现是近十几年来岩土工程研究领域的主要成就之一。文献[42-43]认为,土体的小应变在 $10^{-6} \sim 10^{-3}$ 范围内,如图 1-1 所示。实测资料也表明[44-52],一般岩土工程(如隧道、基坑开挖和地基变形)中的岩土体变形都很小。罗富荣等[53]介绍了北京地铁天安门西站的暗挖逆筑法,并对隧道施工过程中的地表沉降进行测试,发现其最大应变也只有 $0.45\%$。土体小应变受多种因素影响,如孔隙比、超固结比、应力状态、应力路径、各向异性以及蠕变等,通常认为最大的影响因素为土体孔隙比。Hardin[54]研究了孔隙比对土体初始刚度的影响,并建立了初始剪切刚度与孔隙比之间的关系式。

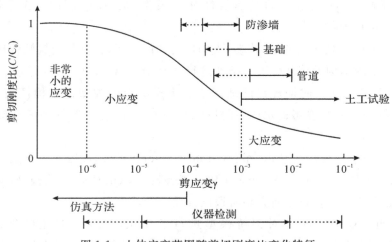

图 1-1 土体应变范围随剪切刚度比变化特征

　　数值分析结果的合理性在很大程度上取决于所采用的计算参数[51-55]。就基坑工程而言,刚度参数的确定往往要难于强度参数的确定,且不同的本构模型对刚度参数的定义往往不同。基坑开挖在进行数值模拟时,土体参数应根据选取的本构模型合理确定土体的强度参数和刚度参数,最好能根据室内试验和原位测试等手段给出合理的参数。

　　选用恰当的本构模型对土体特性进行模拟是基坑开挖有限元分析中的关键。至今已经提出了几百种土体的本构模型[55-60],但每种本构模型都只反映了土体的某一类或几类现象,有局限性。如何在回弹压缩数值分析中合理地选取本构模型是工程人员常要面对的问题。为选取适合回弹压缩分析的本构模型,首先要清楚土体在开挖过程中各本构模型能够反映的特性。本书通过硬化土模型和开挖工程中常用的本构模型,如比较线弹性模型、邓肯-张模型、德鲁克尔-普拉赫尔模型和摩尔-库仑模型,探讨适合回弹压缩变形分析的本构模型应具备的特性,以便选取回弹压缩工程数值分析本构模型。土体的各种模型都有各自的优缺点,关键取决于它们应用于什么样的条件。现将各种常用模型的优缺点及适用条件列于表 1-1。

表 1-1 各种本构模型的优缺点比较

| 类型 | 模型名称 | 优点 | 缺点 |
|---|---|---|---|
| 一参数模型 | von Mises | ①简单<br>②破坏面光滑 | 仅适用于饱和不排水土（总应力） |
| 一参数模型 | Tresca | 简单 | ①仅适用于饱和不排水土（总应力）<br>②破坏面有尖角 |
| 一参数模型 | Lade-Duncan | ①简单<br>②考虑了中主应力影响<br>③破坏面光滑 | 仅适用于无黏性土 |
| 二参数模型 | Mohr-Coulomb | ①简单<br>②对许多土体都证明是有效的 | ①破坏面有尖角<br>②忽略了中主应力的影响 |
| 二参数模型 | Drucker-Prager | ①简单<br>②破坏面光滑<br>③适当选择参数后，能与 Mohr-Coulomb 准则吻合 | 破坏面在偏平面上的轨迹为圆形与试验结果不一致 |
| 二参数模型 | Lade | ①简单<br>②破坏面光滑<br>③子午线为曲线<br>④较其他准则有更宽的压力适用范围 | 仅适用于无黏性土 |

# 1.3　本书研究内容

本书主要分析与研究海底沉管隧道地基土体在不同工况下的回弹再压缩特性。土体变形模量直接决定了回弹再压缩量的大小与分布情况，土体的模量会随着所受荷载的不同而发生变化，因此要研究回弹再压缩机理。首先要确定地基土体在不同工况下的变形模量值。由于无法进行现场原位载荷试验及无法取得现场原装土体，本书考虑用现场原位土体进行室内模型试验。可用数值模拟进行沉管隧道地基回弹再压缩特性的分析和研究，将监测结果与数值计算结果进行相互验证和比较分析。本书的主要研究内容如下。

（1）地基土体回弹再压缩特性室内试验。

（2）地基回弹再压缩的数值模拟。对地质情况复杂的海底沉管隧道，从地基开挖、碎石垫层铺设、沉管沉放、沉管周围碎石回填直到后期回淤（部分段落还涉及航道的疏浚与开挖）整个过程进行数值模拟，以得到沉管隧道典型断面在不同工况下的受力和变形情况；利用室内土工试验得出能反映地基土体变形特性的参数，模拟和计算沉管隧道地基土体的沉降量。

（3）沉管隧道地基回弹再压缩机理。根据监测的沉管隧道沉降量，明确不同上部荷载下，沉管隧道回弹量和再压缩量占总沉降量的比例；论述沉管隧道沉降的组成及原因；对比不同地质情况下沉管隧道地基的沉降量；对比沉管隧道在不同上部荷载情况下土体参数（孔隙比、渗透系数）的变化趋势；提出沉管隧道的沉降控制措施。

（4）挤密砂桩复合软土地基承载力特性研究。

（5）块石基床、碎石基床的变形及承载特性研究。

（6）沉管隧道沉降计算以及预测方法的提出。将港珠澳海底沉管隧道的现场监测数据与数值模拟计算结果进行对比，根据对比结果对本构模型、参数选取、数值模拟方法进行改进和完善；提出沉管隧道沉降计算及预测方法，并在此基础上进行沉管隧道工后沉降预测。

本书研究成果可广泛应用于海底沉管隧道地基沉降变形控制及预测，可为类似海底沉管隧道工程的设计和施工提供以下技术指导。

（1）建立一套考虑回弹再压缩的海底沉管隧道地基沉降数值模拟体系，该体系考虑了沉管隧道在基槽开挖、组合基床铺设、沉管安放、回填及工后回淤等工况下对地基沉降的影响。

（2）明确影响沉管隧道地基回弹再压缩量或沉降的因素，提出一个简单易行的沉管隧道地基沉降计算方法，便于工程应用。

# 第2章
# 地基土体回弹再压缩特性室内试验

国内外学者虽然对地基土体回弹再压缩问题开展了系统的研究,但针对海底沉管隧道地基土特殊工况下的回弹再压缩研究很少。本章以港珠澳大桥海底沉管隧道工程为项目依托,以基坑开挖下的土体为研究对象,通过一系列室内回弹再压缩试验,得到海底沉管隧道深基槽工况下土体的回弹再压缩变形特性及规律。

## 2.1 工程地质特征

港珠澳大桥跨越珠江口伶仃洋海域,是连接香港特别行政区、广东省珠海市和澳门特别行政区的大型跨海通道。大桥在香港的登陆点为大屿山石散石湾,在澳门的登陆点为明珠,在珠海的登陆点为拱北。大桥隧道主体总长约 35km(其中香港界内约 6km),采用桥隧组合方案。港珠澳大桥工程的场地大致可分为西部丘陵区、东部低山丘陵区和中部伶仃洋水域三大地貌区,如图 2-1 所示。

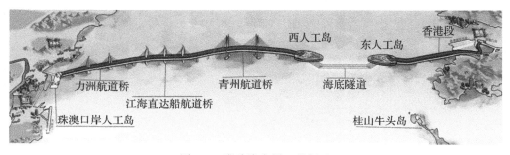

图 2-1　港珠澳大桥工程场地

根据区域地质资料可知,勘察区一带发育的地层主要有第四系覆盖层和震旦系变质岩。第四系覆盖层自上而下为全新世海相松散沉积物、更新世陆相松散沉积物、更新世海陆交互相松散沉积物和更新世河流相冲洪积松散沉积物。

场地区域属于河口三角洲相地貌,微地貌单一,地形起伏较小,未见全新世活动断裂发育,场区新构造运动不明显。地层自上而下为全新世海相沉积层(第 1 层)、晚更新世陆相沉积层(第 2 层)、晚更新世海陆交互相沉积层(第 3 层)、晚更新世陆相冲洪积层(第 4 层)、震旦纪混合片岩(第 7 层)及混合花岗岩层(第 8 层),各单元层层位和厚度相对比较稳定,物理力学性质呈现自上而下由差至好的变化趋势。

根据《中国地震动参数区划图》(GB 18306—2015)(该区划图设防水准为 50 年超越概率 10%,场地条件为平坦稳定的二类场地),隧道区地震动峰值加速度为 0.10g,地震基本烈度为Ⅶ度,地震动反应谱特征周期为 0.35s。根据《建筑抗震设计规范》(GB 50011—2010),设计地震分组为第一组。根据《建筑工程抗震设防分类标准》(GB 50223—2008),沉管隧道作为特殊设防类建筑考虑,抗震设防烈度应按照提高一度按八度来分析,并采取相应抗震措施。

港珠澳大桥海底沉管隧道总长 6700m,其中沉管段长 5664m,东西人工岛暗埋段及敞开段长 1036m。沉管管节布置由东向西依次为 E33、E32、E31、…、E2、E1,其中 E28~E33 管节位于半径为 5500m 的平面曲线上,其余管节位于直线段。标准管节长 180m,由 8 个长度为 22.5m 的节段组成。

综合地质纵剖面和工程地质剖面如图 2-2 所示,整个隧道沉管段底板持力层跨越了不同的工程地质单元层,场地内有大面积的软土分布,软土层与下覆地层强度变化较大,第三大层黏土层局部夹有砂土,第四大层砂土层局部夹有黏土,基岩面局部起伏较大,沉管段地基不均匀。

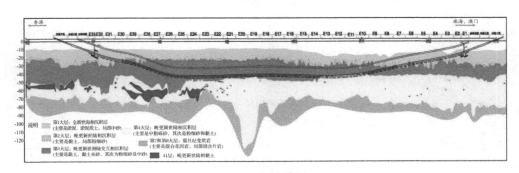

图 2-2  工程地质剖面

沉管隧道西人工岛的 E1S1~E1S2 隧道底板、东人工岛的 E33S7~E33S8 隧道底板埋深较浅,底板下的地层主要为流塑-软塑黏土层,土层厚度大,需采用高压旋喷改良的地基方式进行基础处理。沉管隧道 E1S3~E4S3 和 E31S4~E33S6 的隧道底板埋深由浅至深,采用挤密砂桩与水下堆载预压相结合的方案进行地基处理。沉管隧道 E4S4～E6、E30S4～E31S3 采用高置换率挤密砂桩方案进行地基处理。沉管隧道 E7～E30S3 隧道底板埋深起伏变化相对较小,底板下的地层均为满足承载力要求的非软土层,因此采用天然地基基础方案。具体处理方式如表 2-1 所示。

港珠澳大桥海底沉管隧道在地基处理上采用开挖基槽后块石夯平,然后在此夯平层上铺设碎石垫层形成组合基床再安放沉管的方法。基槽开挖后海底抛块石经过夯平处理,因此可认为抛块石夯平层消除了基槽开挖时的施工扰动,且不发生沉降。

表 2-1　沉管隧道地基处理方式汇总

| 管节/节段 | 地基处理方式 |
| --- | --- |
| E1S1～E1S2 | 高压旋喷改良地基 |
| E1S3～E4S3 | 挤密砂桩＋水下堆载预压 |
| E4S4～E6 | 高置换率挤密砂桩 |
| E7～E30S3 | 天然地基 |
| E30S4～E31S3 | 高置换率挤密砂桩 |
| E31S4～E33S6 | 挤密砂桩＋水下堆载预压 |
| E33S7～E33S8 | 高压旋喷改良地基 |

综合考虑地质情况、施工进度、地基类型等多方面因素后,选定沉管深埋段作为本书研究的典型地形区。沉管深埋段包括管节 E10～E24,管节长 180m,高 11.4m,宽 38.5m。管节处初步考虑的设计参数如表 2-2 所示。采用天然地基作为基础持力层。

根据中交公路规划设计院有限公司中交第四航务工程勘察设计院有限公司 2011 年 10 月提交的《港珠澳大桥主体工程岛隧工程补充地质勘察工程地质勘察报告》,选取 E22 管节的 V18—V18' 为 A 断面,E20 管节的 V20—V20' 为 B 断面,E18 管节的 V22—V22' 为 C 断面,E16 管节的 V24—V24' 为 D 断面,E12 管节的 V28—V28' 为 E 断面。E 断面在施工完成基槽回淤后期又有航道开挖,开挖深度为 15m。

图 2-3 至图 2-6 为选取断面位置、邻近钻孔点和关键性能测试(CPT)点位置

图,根据图中显示的钻孔位置可进行钻孔查找。E20 管节的 V20—V20′B 断面对应钻孔 TCB25 和 GITB21,E18 管节的 V22—V22′C 断面对应钻孔 TCB23 和 GITB20,E16 管节的 V24—V24′D 断面对应钻孔 TCB21 和 GITB19,E12 管节的 V28—V28′E 断面对应钻孔 TCB17 和 GITB17。

沉管深埋段(E10～E24)各单元层岩性特征与空间分布如表 2-3 所示。

表 2-2　E10～E24 管节基本设计参数

| 管节 | 起点里程桩号/m | 终点里程桩号/m | 起点底板标高/m | 终点底板标高/m | 底板至基槽底面厚度/m | 管节处承载力计算荷载组合/kPa |
|------|------|------|------|------|------|------|
| E10 | K10+923 | K11+103 | −42.015 | −39.423 | 1.5 | 120.50 |
| E11 | K10+743 | K10+923 | −43.408 | −42.015 | 1.5 | 128.75 |
| E12 | K10+563 | K10+743 | −43.925 | −43.408 | 1.5 | 128.75 |
| E13 | K10+383 | K10+563 | −43.744 | −43.925 | 1.5 | 137.25 |
| E14 | K10+203 | K10+383 | −43.162 | −43.744 | 1.5 | 148.00 |
| E15 | K10+023 | K10+203 | −42.622 | −43.162 | 1.5 | 158.00 |
| E16 | K9+843 | K10+023 | −42.081 | −42.622 | 1.5 | 160.25 |
| E17 | K9+663 | K9+843 | −41.581 | −42.081 | 1.5 | 160.25 |
| E18 | K9+483 | K9+663 | −41.581 | −41.581 | 1.5 | 162.00 |
| E19 | K9+303 | K9+483 | −41.883 | −41.581 | 1.5 | 162.75 |
| E20 | K9+123 | K9+303 | −42.424 | −41.883 | 1.5 | 165.00 |
| E21 | K8+943 | K9+123 | −42.964 | −42.424 | 1.5 | 166.50 |
| E22 | K8+763 | K8+943 | −43.536 | −42.964 | 1.5 | 168.50 |
| E23 | K8+583 | K8+763 | −43.767 | −43.536 | 1.5 | 168.50 |
| E24 | K8+403 | K8+583 | −43.498 | −43.767 | 1.5 | 168.00 |

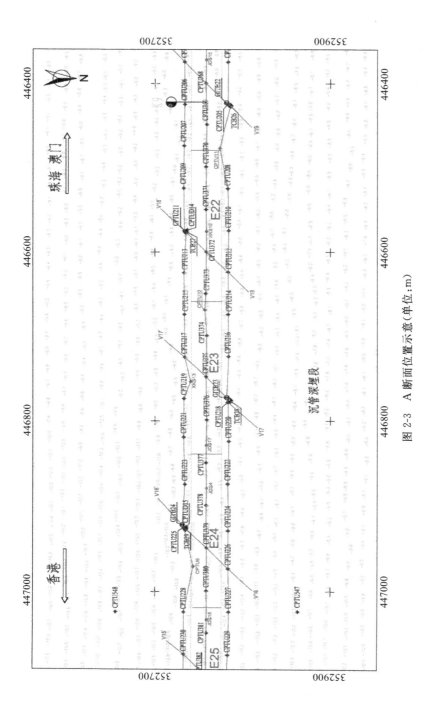

图 2-3　A 断面位置示意（单位：m）

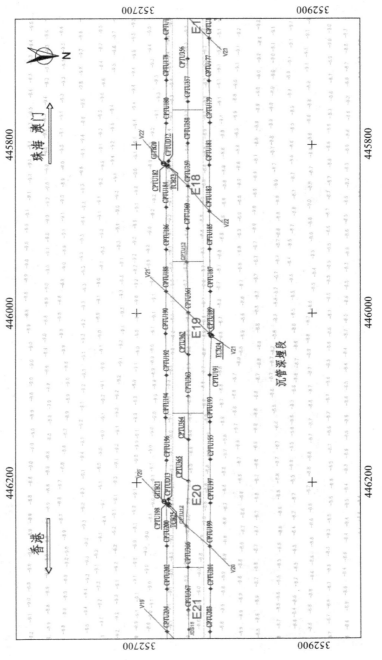

图 2-4　B 断面和 C 断面位置示意（单位：m）

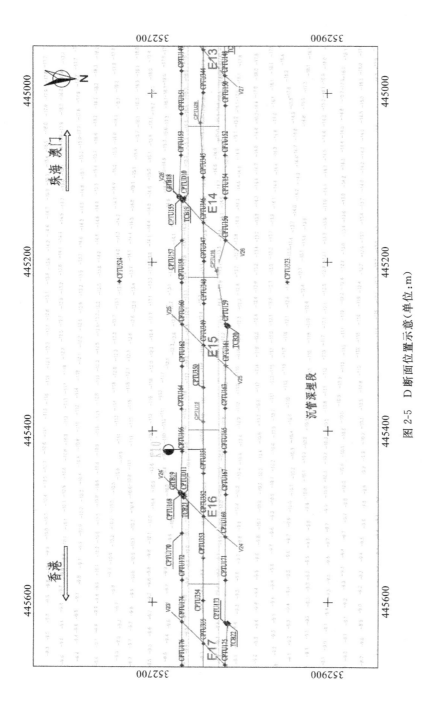

图 2-5　D 断面位置示意（单位：m）

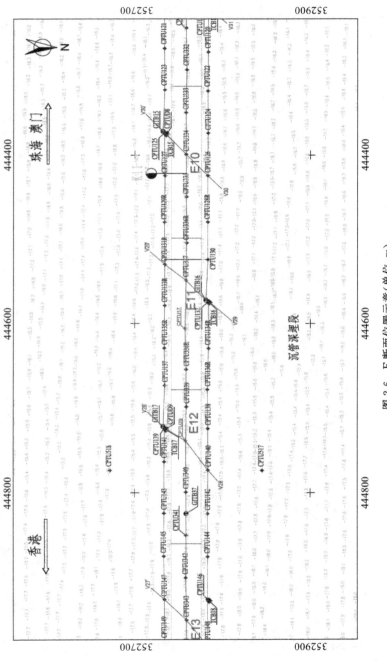

图 2-6 E 断面位置示意（单位：m）

表 2-3　沉管深埋段(E10~E24)各单元层性岩性特征与空间分布

| 地层编号及名称 | 地层描述 | 地层厚度/m | 层顶标高/m | 层底标高/m | 空间分布 |
|---|---|---|---|---|---|
| 11 淤泥~淤泥质土 | 灰色、饱和、流塑~软塑、滑腻，偶含少量碎砂及贝壳碎，局部含少量腐木 | 12.3(4.0~19.2) | -11.86(-8.50~-18.46) | -24.28(-17.73~-32.42) | 所有钻孔揭露，连续分布 |
| 14 中砂 | 灰色、饱和、松散，以中砂为主，混大量贝壳碎和淤泥，偶含少量腐木碎 | 1.7(0.5~3.3) | -19.36(-15.28~-22.62) | -21.19(-16.58~-24.43) | 在 E12~E10 管节中不连续分布及在 GITB2D 孔附近分布 |
| 21 黏土 | 灰黄色为主，含灰色等、湿、可塑为主，含少量细砂或夹薄层细砂、局部含少量泥质结核 | 2.6(0.8~7.9) | -23.93(-19.67~-31.11) | -26.48(-20.78~-34.69) | 在本工点较连续分布，在 K9~K9+5D0 内基本缺失 |
| 22 粉细砂 | 灰黄、黄色、饱和、中密、颗粒级配差，含较多黏粒，夹少量薄层黏土 | 1.4(1.0~1.6) | -28.35(-28.18~-28.54) | -29.72(-29.36~-29.96) | 仅在 E12 管节 GITB17 孔附近分布 |
| 31 黏土 | 灰色、浅灰色为主、稍湿、可塑~硬塑为主，含粉细砂或偶夹薄层细砂，含少量贝壳碎及泥质结核 | 9.3(1.1~19.6) | -25.71(-19.49~-36.73) | -35.77(-28.30~-47.02) | 本工点较连续分布，分布厚度差异较大 |
| 32 黏土夹砂 | 灰色、稍湿、可塑~硬塑为主，夹多层薄层细砂，局部呈互层状或砂夹薄层状 | 9.8(1.4~15.9) | -34.28(-28.24~-44.53) | -45.61(-38.34~-50.32) | 本工点较连续分布，分布厚度差异较大 |
| 33 粉细砂 | 灰色、深灰色为主、饱和、中密~密实为主，颗粒级配差，含少量黏粒，局部含少量贝壳碎，局部夹薄层黏土 | 2.0(0.4~5.0) | -35.84(-28.02~-46.89) | -38.71(-29.34~-48.44) | 本工点较大部分布，在 E21 和 E20 管节结合处及 E13 和 E12 管节结合处分布偶见分布 |

续表

| 地层编号及名称 | 地层描述 | 地层厚度/m | 层顶标高/m | 层底标高/m | 空间分布 |
|---|---|---|---|---|---|
| 34 中砂 | 灰色、灰黄色为主,饱和,中密~密实,颗粒级配较差,含少量黏粒,局部夹薄层黏性土 | 1.6(0.4~3.5) | -40.22(-28.96~-46.05) | -42.22(-30.27~-47.07) | 主要分布在 K10~K10+260m 内,局部分布在 E13~E10 内,以及分布在 CPTU11 中 |
| 41 黏土 | 灰色为主,含灰色、深灰色,含少量细砂,偶夹薄层黏性土及贝壳完碎;以硬塑为主,局部含少量腐木 | 2.7(0.4~15) | -55.17(-45.79~-64.91) | -58.94(-48.37~-73.44) | 在 K8+440m 至 K9 内较连续分布,其他偶见透镜体状分布 |
| 42 粉细砂 | 浅灰色、灰色为主,含灰绿色,饱和,中密~密实为主,颗粒级配较差,含少量黏粒,偶含腐木碎 | 揭露厚度 2.7(0.4~11.7) | -52.6(-42.19~-64.56) | 揭露底标高 -56.43(-45.79~-75.49) | 在 K8+400m~K9+350m 内及 K10+290m~K11+50m 内较连续分布,其他偶见透镜体状分布 |
| 44 中砂 | 灰色、灰黄色,灰绿色为主,饱和,密实~极密实为主,颗粒级配较好,含少量圆砾,偶含钙质胶结 | 揭露厚度 13.2(0.1~53.8) | -45.89(-40.77~-50.88) | 揭露底标高 -59.91(-43.29~-99.81) | 本工点连续分布,大部分钻孔在该层终孔 |
| 45 含砾粗砂 | 灰色、灰黄色,灰绿色为主,饱和,密实~极密实为主,颗粒级配较好,含较多圆砾 | 5.2(0.1~14.9) | -64.19(-43.35~-99.81) | -69.36(-43.49~-109.01) | 在本工点中断续分布,主要以透镜体状为主分布,不连续 |
| 71 全风化混合片麻岩 | 青灰色,岩芯呈砂质黏性土状,构造破坏但尚可辨认,手捏易散,遇水软化前解 | 2.7 | -66.56 | -69.26 | 仅在引用孔 JDS17 中揭露 |
| 721 强风化混合片麻岩 | 深灰色、灰绿色、褐黄色,原岩结构清晰,岩芯呈砂质黏性土状~半岩半土状,手捏易散,遇水软化崩解 | 1.6 | -69.26 | -70.86 | 仅在引用孔 JDS17 中揭露 |

续表

| 地层编号及名称 | 地层描述 | 地层厚度/m | 层顶标高/m | 层底标高/m | 空间分布 |
|---|---|---|---|---|---|
| 73 中风化混合片岩 | 灰黑色、灰白色为主,鳞片粒状变晶结构,条带状构造,岩体破碎,风化裂隙较发育,裂隙面多闭合,粗糙 | 揭露厚度 4.3(2~7.1) | −69.53(−57.96 ~−75.82) | 揭露底标高 −73.79(−63.06 ~−77.82) | 在钻孔 GITB16、GITB17、GITB37、JDS17 及 XKS13 中分布,部分孔在该层终孔 |
| 82 强风化混合花岗岩 | 灰绿色、灰黄色、青灰色等,岩芯呈坚硬土状~半岩半土状,原岩结构构造清晰,手捏易散,遇水软化崩解 | 揭露厚度 1.7(0.4~4.8) | −70.15(−59.40 ~−78.93) | 揭露底标高 −71.86(−60.13 ~−79.53) | 在 E24~E21 及 GITB20 中局部分布,揭露孔在该层终孔 |
| 83 中风化混合花岗岩 | 灰色、浅灰色、灰绿色等,粒状变晶结构,块状构造,岩体较破碎,风化裂隙发育,裂隙面闭合,粗糙 | 揭露厚度 3.4(27.2) | −78.32(−67.76 ~−109.01) | 揭露底标高 −81.74(−70.02 ~−116.21) | 在揭露孔中大部分区域分布,除 73 层分布外的其他揭露岩层钻孔中,揭露孔在该层终孔 |

A 断面与 D 断面土体分层类似,一共分为两层,第一层为中砂,土层平均厚度为 2.7m;第二层为粗砾砂,土层平均厚度为 34.1m。

B 断面一共分为四层,第一层为粉土夹砂,土层平均厚度为 4m;第二层为粗砾砂,土层平均厚度为 24.02m;第三层为中砂,土层平均厚度为 5.2m;第四层为粗砾砂,土层平均厚度为 45.8m。

C 断面一共分为两层,第一层为黏土,土层平均厚度为 3.65m;第二层为粗砾砂,土层平均厚度为 34.7m。

E 断面一共分为四层,第一层为粗砾砂,土层平均厚度为 3.75m;第二层为粉细砂,土层平均厚度为 18.3m;第三层为中砂,土层平均厚度为 6.1m;第四层为砾砂,土层平均厚度为 11.5m。

根据计算断面选取断面上的钻孔点,TCB27 和 GITB23 对应 A 断面,TCB25 和 GITB21 对应 B 断面,TCB23 和 GITB20 对应 C 断面,TCB21 和 GITB19 对应 D 断面,TCB17 和 GITB17 对应 E 断面。本次计算综合考虑计算断面临近钻孔的各项地质特征,不考虑时间对土的应力-应变和强度的影响。

在该模型中,原始土层采用摩尔-库伦准则,即岩土材料的剪切强度由两部分组成,一部分是作为常量的黏聚力,另一部分是随法向应力变化的内摩擦角(为了减小材料不切实际的较大膨胀,通常需要指定膨胀角比摩擦角小)。垫层、沉管和碎石回填部分则选用线弹性模型。

获取合理、准确的模型参数相当关键。通常情况下,土性参数由室内土工试验或现场原位测试提供。然而,由于土样在取土和运输过程中存在扰动,试验仪器、方法和人员也存在差异,测定的土性参数常常与实际值存在较大的差异。将这些参数应用于本构模型计算所得的土体的应力和形变会不可避免地与实测值产生较大偏离。因此,在计算时,土性参数的选取非常重要。在有限元系统中建立模型后,能够影响计算结果的主要因素就是计算参数。

本试验选取港珠澳大桥工程中香港口岸岛附近的土体开展室内试验。取样采用海上钻探平台或钻探船,共取 2 个钻孔的土,钻探取样时,取样深度贯穿冲填土层和冲积土层并达到残积土层。冲填土层的钻孔深度为 40m,冲积土层为 16m,残积土层为 8m。钻孔内的土样按照类别,用密封的容器装运,如图 2-7 所示。

通过室内试验对淤泥、黏土、黏土夹砂、粗砂、中砂、粉细砂、粉质黏土等各土类的密度、黏聚力及内摩擦角进行取值,并对比港珠澳大桥主体工程隧道工程地质详细勘察资料中有关土的常规物理指标和快剪、固结快剪结果,综合分析并确定各土类相关指标均值。土层中包含多个取土钻孔,因此某一土层的密度值、黏聚力及内摩擦角值取该土层包含的取土深度的土样结果的算术平均值,泊松比参考《工程地

图 2-7　试验土样

质勘察报告》中的值,变形模量值根据港珠澳大桥主体工程隧道工程地质详细勘察资料中压缩模量的值并参考相关资料中关于压缩模量和回弹模量的数学关系综合确定。回填土和沉管的模量及密度参考相关资料中的相关回填土参数选定。其中,泊松比参考《公路隧道设计规范》(JTG D70—2004)和经验值确定,具体计算参数如表 2-4 所示。

表 2-4　土的物理参数

| 土层名称 | 变形模量/MPa | 泊松比 | 黏聚力/kPa | 内摩擦角/° | 浮重度/(kN/m³) |
|---|---|---|---|---|---|
| 淤泥 | 10 | 0.430 | 7.2 | 19.9 | 6.30 |
| 粉质黏土 | 100 | 0.400 | 54.0 | 30.0 | 8.40 |
| 黏土夹砂 | 150 | 0.296 | 50.0 | 18.5 | 8.70 |
| 粗砾砂 | 200 | 0.300 | 18.0 | 38.3 | 10.50 |
| 粉细砂 | 130 | 0.270 | 21.0 | 36.2 | 100.00 |
| 中砂 | 160 | 0.290 | 20.0 | 37.8 | 10.30 |
| 回填土 | 300 | 0.250 | — | — | 14.00 |
| 沉管管节 | 3000 | 0.200 | — | — | 0.01 |

# 2.2  室内土工试验设计

东人工岛附近的隧道底板埋设由浅至深,底板下地层主要为黏土、黏土夹砂等,并且土体的压缩回弹量随着地基深度的增加而减少,且在地基附近最为明显,因此选用 36 号粉质黏土作为试验土样,取土深度为 25～26m,土体基本参数如表2-5 所示。

表 2-5  土体基本参数

| 编号 | 土层名称 | 取土深度/m | 密度/(g/cm³) | 含水率/% | 初始孔隙比 | 液限/% | 塑限/% |
|---|---|---|---|---|---|---|---|
| 36 | 粉质黏土 | 25～26 | 1.72 | 55.4 | 1.494 | 31.3 | 55.3 |

根据《土工试验方法标准》(GB/T 50123—2019)进行试验,制备高度为 2cm、底面积为 30cm² 的试样。在固结容器内放置护环、透水板和滤纸,将带有环刀的试样装入护环内,在试样上放置滤纸、透水板和加压盖板,置于加压框架下。确定需要施加的各级压力:土样每级预压荷载分别为 100kPa、200kPa、300kPa、400kPa,采用分级加荷方法。每级荷载下固结 24h,待变形基本达到稳定后再施加下一级荷载,卸载过程采用同样的方法。试验采用全自动固结仪,进行四组平行试验,在施加第 1 级压力后,立即向水槽中注水至液面超过土样。试验过程中,视环境改变对室内温度和湿度采取调节措施。图 2-8 为本次试验所得土样的孔隙比-压力($e$-$p$)曲线(以试样 36-2 和 36-3 为例)。

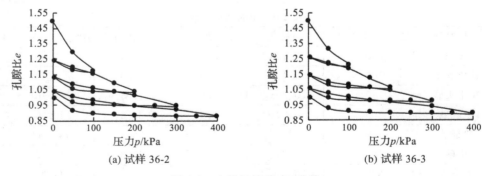

(a) 试样 36-2          (b) 试样 36-3

图 2-8  土样加卸载 $e$-$p$ 曲线

从图 2-8 中可以看出,土体在回弹初始阶段回弹量很小,回弹曲线接近于水平线;当卸荷至一定程度时,回弹量和回弹曲线的变形开始增大;接近完全卸荷时,回弹程度最大。土体在再压缩初始阶段的变形量小于回弹时的变形量,再压缩至一定程度时,回弹曲线与再压缩曲线将相交于一点(形成滞回圈),等加荷到上一级最大竖向荷载时,土体将产生大于首次压缩时的变形量。

# 2.3　土体回弹数据分析

## 2.3.1　回弹变形分析参数

回弹变形规律分析的相关参数主要有卸荷比 $R$、回弹率 $\delta$、回弹模量 $E_c$、临界卸荷比 $R_{cr}$ 与强回弹卸荷比 $R_{hr}$ 等。

（1）卸荷比

$$R = \frac{p_{max} - p_i}{p_{max}} \tag{2-1}$$

式中,$p_{max}$ 为最大预压竖直荷载或初始上覆竖直荷载,$p_i$ 为经第 $i$ 级卸荷后上覆荷载。

（2）回弹率

$$\delta = \frac{e_i - e_{min}}{e_{min}} \tag{2-2}$$

式中,$e_{min}$ 为最大预压荷载或初始上覆荷载下的孔隙比,$e_i$ 为卸荷过程中 $p_i$ 级卸荷后回弹稳定时的土样孔隙比。

（3）回弹比率

回弹比率为土样经某级卸荷后,回弹稳定时的回弹量与土样全部卸荷后回弹变形稳定时的总回弹量间的比例关系：

$$r = \frac{e_i - e_{min}}{e_{max} - e_{min}} \tag{2-3}$$

式中,$e_{max}$ 为土样上覆荷载全部卸载后土样回弹稳定时的孔隙比,$e_i$ 为缺荷过程中 $p_i$ 级缺荷后回弹稳定时的土样孔隙比。

（4）临界卸荷比

在 $R$-$E_c$ 曲线中,回弹模量 $E_c$ 开始显著减小时转折点对应的卸荷比即为临界卸荷比 $R_{cr}$。

（5）强卸荷比

在 $R$-$\frac{1}{E_c}$ 曲线中,$\frac{1}{E_c}$ 开始迅速增大,即回弹模量开始迅速减小时转折点对应的卸荷比即为强回弹卸荷比 $R_{hr}$。

### 2.3.2   卸荷比–回弹比率

将预压荷载分别为 100kPa、200kPa、300kPa、400kPa 的土样在各卸荷比下的回弹率和回弹比率取均值,绘制卸荷比–回弹率、卸荷比–回弹比率关系,如图 2-9、图 2-10 所示。

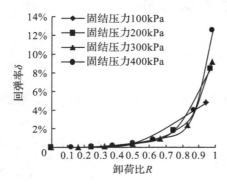

图 2-9   不同固结压力下土样卸荷比
与回弹率关系曲线

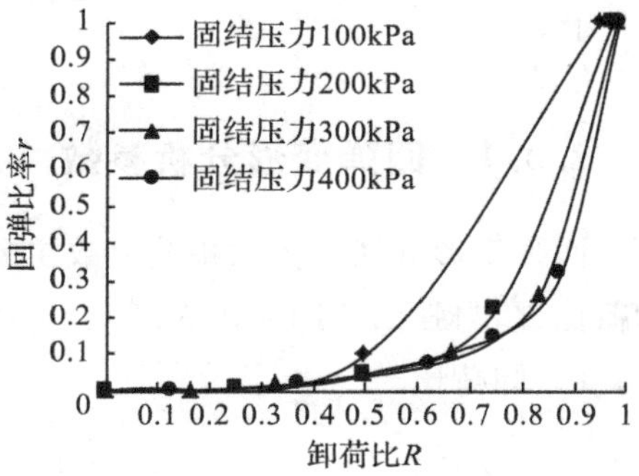

图 2-10   不同固结压力下土样卸荷比
与回弹比率关系曲线

由图 2-9 可知,土样的前期固结压力越大,回弹率也越大。回弹开始阶段,前期固结压力的影响并不明显,当卸荷比小于 0.5 时,回弹率基本无差异;随着卸荷比增大,前期固结压力大小对回弹率的影响开始逐渐显现。可见,对于沉管隧道基础而言,随着基槽开挖深度的增大,基底附近的土体回弹量也随之增大。

由图 2-10 可知,从回弹比率的角度看,当卸荷比小于 0.4 时,回弹比率的数值和差异都不大;当卸荷比达到约 0.8 时,回弹比率开始迅速增大。可见土体大部分的回弹变形是在卸荷后期发生的。

### 2.3.3   卸荷比–回弹模量

以试样 36-2 和 36-3 为例,土体回弹模量是一个变量,随着卸荷比的不断增大,土样回弹模量逐渐变小,即同一深度土体的回弹模量是随着上覆层土体逐渐开挖而逐渐减小的。在 $R$-$E_c$ 关系曲线上存在一转折点——临界卸荷比 $R_{cr}$,$R_{cr}$ 左侧土体的回弹模量较大,但回弹量很小,$R_{cr}$ 右侧土体的回弹模量较小,但回弹量大,如图 2-11 所示。

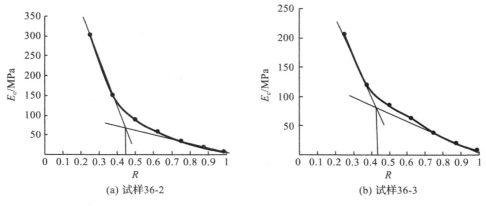

图 2-11　土样在 400kPa 预压荷载下的 $R$-$E_c$ 关系曲线

作 $R$-$\dfrac{1}{E_c}$ 关系曲线图,同样可见 $R$-$\dfrac{1}{E_c}$ 关系曲线图中也存在转折点。转折点右

侧的 $\dfrac{1}{E_c}$ 随着卸荷比的增大迅速增大,即土样的回弹模量 $E_c$ 迅速减小,并观察到转

折点后土样的回弹量迅速变大,因此将这一点定义为强回弹卸荷比 $R_{hr}$,如图 2-12

所示。

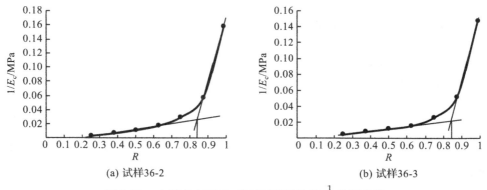

图 2-12　土样在 400kPa 预压荷载下的 $R$-$\dfrac{1}{E_c}$ 关系曲线

分析土样的 $R$-$E_c$ 曲线和 $R$-$\dfrac{1}{E_c}$ 曲线发现,土样的回弹过程可大致分为如下三

个阶段。

①当卸荷比 $0 \leqslant R < R_{cr}$ 时,土样处于回弹初期,此时的回弹模量很大,但回弹量

很小。

②当卸荷比 $R_{cr} \leqslant R < R_{hr}$ 时,回弹模量在 $R$-$E_c$ 曲线和 $R$-$\dfrac{1}{E_c}$ 曲线上都表现为线

性减小,但土体的回弹变形开始有了明显的增长趋势。

③当卸荷比 $R_{hr}<R\leqslant 1$ 时,回弹模量开始急剧变小,而回弹变形量明显增大,并产生了大部分的回弹量。

本节对 36 号土样的临界卸荷比和强回弹卸荷比数据进行了汇总并取平均值。对于沉管隧道下方地基土体而言,当卸荷比 $R<0.434$ 时,土体回弹率$\approx 0$,因此可将卸荷比小于 0.434 的土体看作并未发生回弹变形。当 $R>0.841$ 时,土体回弹模量急剧减小,回弹变形量明显增大,因此可将卸荷比等于 0.841 的土体看作强回弹区的边界,如表 2-6 所示。在实际工程中,可以令 $R>0.434$ 来估算回弹区的范围,令 $R>0.841$ 来估算强回弹区的范围。

表 2-6 土样临界卸荷比与强回弹卸荷比

| 土样编号 | 取样深度/m | 固结压力/kPa | 临界卸荷比(平均值) | 强回弹卸荷比(平均值) |
|---|---|---|---|---|
| 36 | 25~26 | 400 | 0.434 | 0.841 |

## 2.4 土体再压缩数据分析

### 2.4.1 再压缩变形分析参数

分析土体再压缩数据的参数有再压缩加荷比 $L_{rc}$、再压缩比率 $c_{rc}$ 等。

(1)再压缩加荷比

$$L_{rc}=\frac{p_i}{p_{max}} \tag{2-4}$$

式中,$p_{max}$ 为试样前次压缩历史过程中所受最大上覆荷载,$p_i$ 为再压缩过程中第 $i$ 级加荷时上覆荷载。

(2)再压缩比率

再压缩比率参数的含义为第 $i$ 级荷载下土样再压缩产生的变形量与上次完全卸荷回弹变形量间的比值:

$$c_{rc}=\frac{e_{max}-e_i}{e_{max}-e_{min}} \tag{2-5}$$

式中,$e_{min}$ 为前次压缩过程中最大预压荷载下土样孔隙比,$e_i$ 为再压缩过程中 $p_i$ 级加荷压缩稳定时土样孔隙比,$e_{max}$ 为前次压缩荷载全部卸载后土样回弹稳定时的孔隙比。

### 2.4.2　再压缩加荷比-再压缩比率

具有不同前期固结压力土样的再压缩变形趋势大致相同。当再压缩加荷比为 0.2 时，土体的再压缩变形量就已达到变形回弹量的 40％；当再压缩加荷比为 0.8 时，土体的再压缩变形量与变形回弹量基本相等；当再压缩加荷比为 1，即再压缩竖向荷载与前期最大固结压力相等时，土体的再压缩变形量为变形回弹量的 1.2 ～1.4 倍，如图 2-13 所示。

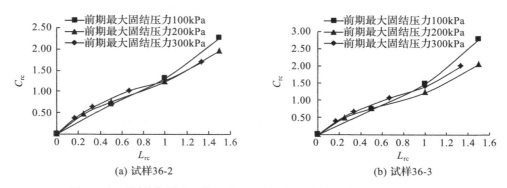

图 2-13　不同前期最大固结压力下土样再压缩加荷比与再压缩比率曲线

在海底沉管隧道工程中，隧道先沉放于开挖后的基槽中，随后再进行回填锁定，地基土体将经历卸荷-再加载的过程。沉管施工完成时，基底再加荷量接近开挖卸荷量，此时沉管隧道基础的再压缩变形量明显大于前期回弹量。可见，为保证沉管安装的安全性和准确性，在设计和施工阶段对沉管隧道地基的回弹再压缩沉降量进行准确计算与特性分析是非常有必要的。

### 2.4.3　荷载-压缩模量

为表明压缩模量随荷载的变化情况，将试样经历循环加载后的压缩模量取均值。最大固结压力为 100kPa 时，试样压缩模量较小；在第二次加载时，相同荷载条件下的压缩模量提高了约 4 倍；至第三、第四次加载时，土样压缩密实度得到了进一步提高；当加载至 400kPa 时，压缩模量有较大幅度下降，此时荷载已超过土样前期固结压力，土体结构发生了改变，如图 2-14 所示。

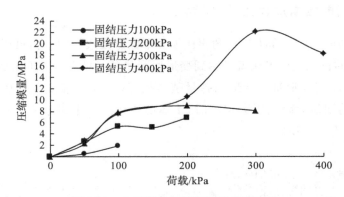

图 2-14    土样荷载与压缩模量关系曲线

# 2.5    卸载-再加载刚度与割线刚度

在三轴排水试验(CD)中,通过卸载-再加载试验能够确定卸载-再加载刚度。土体硬化(HS)模型没有卸载-再加载对应的滞回行为,而是具备非线性弹性卸载-再加载行为。确定卸载-再加载刚度的三轴试验操作步骤如下。

## 2.5.1    前期准备阶段

(1)试样饱和

试验采用三轴排水试验,仪器采用全自动应变控制式三轴仪,试验前应对试样进行抽气饱和:对于粉质土,抽气时间应大于 0.5h;对于黏质土,抽气时间应大于1h;对于密实的黏质土,抽气时间应大于 2h。抽气结束后应将试样静置在水下10h。饱和后的试样可通过三轴仪自动检测饱和度,如试样的饱和度达不到99%,三轴仪可自动对试样施加反压力以达到完全饱和,饱和度的检测可通过 $B$-value 反映,$B=\Delta u/\Delta\sigma_3$,反压饱和的操作步骤如下。

试样装好后装上压力室罩,先对试样施加 20kPa 的周围压力预压;分级施加反压力,并同时分级施加周围压力,以尽量减少对试样的扰动,在施加反压力过程中,始终保持周围压力比反压力大 20kPa。对于软黏土,反压力和周围压力的每级增量取 30kPa,对于坚实的土或初始饱和度较低的土,反压力和周围压力的每级增量取 50~70kPa。操作时,先调周围压力至 50kPa,并将反压力系统调节至 30kPa,待孔压稳定后,测记孔隙水压力增量和围压增量,并进行比较,若 $\Delta u/\Delta\sigma_3<1$,则表示

试样尚未饱和,应施加下一级围压和反压。当试样在某级压力下达到 $\Delta u/\Delta\sigma_3=1$ 时,应保持反压力不变,增大围压,若试样内增加的孔隙水压力等于围压增量,则表明试样已完全饱和。

(2)试样固结

三轴仪自动实现试样固结,固结操作为对试样施加所需的围压,围压大小应与工程的实际荷载相适应,并尽可能使最大周围压力与土体的最大实际荷载相等。也可分别按 100kPa、200kPa、300kPa、400kPa 施加,试样在围压下排水固结,固结度应至少达到 95%。

### 2.5.2　试样剪切过程

可通过改变试样的剪切模式来确定三轴试验参考刚度,三轴排水试验的剪切应变速率为 0.003%~0.012%。在整个剪切过程中,应使孔压消散度超过 95%,当达不到时,应放慢剪切速率。

### 2.5.3　三轴试验参考刚度的确定

$E_{50}^{ref}$ 为标准排水三轴试验中的割线刚度。$E_{50}^{ref}$ 为 $|\sigma'_1-\sigma'_3|$ 破坏荷载 50% 处对应的割线刚度,参考应力 $p^{ref}$ 为三轴试验的围压。

$E_{ur}^{ref}$ 为卸载-再加载刚度。与从三轴试验中获取参考刚度的方法类似,如果在三轴试验中执行卸载-再加载试验,则可确定卸载-再加载刚度。土体硬化模型没有与卸载-再加载对应的滞回行为,而是简单具备非线性弹性卸载-再加载行为。因此,可取割线斜率作为卸载-再加载刚度。全自动三轴仪在对试样进行剪切时,若应力-应变曲线接近峰值,则暂停剪切,将底座下移直至轴力传感器值为 0 时停止,再继续剪切直至试样破坏。

$E_{50}^{ref}$ 的确定需假定参考围压 $\sigma'_3$ 为 100kPa,此时 $E_{50}^{ref}=E_{50}$,试样破坏满足摩尔-库伦屈服准则:

$$-\frac{1}{2}(\sigma'_1-\sigma'_3)+\frac{1}{2}(\sigma'_1+\sigma'_3)\sin\varphi-c\cos\varphi=0 \tag{2-6}$$

为了减小试验误差,取同一深度的两组试样进行对比分析。图 2-15 和图 2-16 分别给出了取土深度为 28.30~29.20m,编号为 33# 的试样的应力-应变曲线。

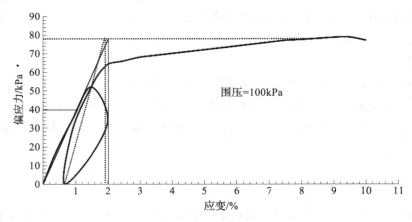

图 2-15 应力-应变曲线

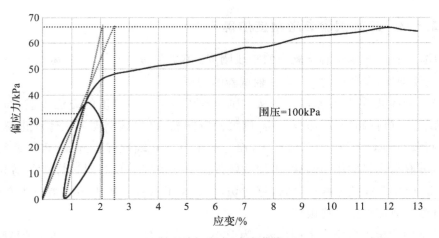

图 2-16 应力-应变曲线

由图 2-15 可知,该试样破坏时的最大偏应力为 79.07kPa,卸载-再加载阶段的应变变化量为 1.31%,割线刚度所对应的应变变化量为 1.99%,则该试样的卸载-再加载刚度为:

$$E_w = \frac{\sigma_1 - \sigma_3}{\Delta\varepsilon} = \frac{79.07}{0.0131} = 6036(\text{kPa}) \tag{2-7}$$

割线刚度为:

$$E_{50} = \frac{\sigma_1 - \sigma_3}{\varepsilon_{50}} = \frac{79.07}{0.0199} = 3973(\text{kPa}) \tag{2-8}$$

由图 2-16 可知,该试样破坏时的最大偏应力为 66.31kPa,应变变化量为 0.12%,土样的卸载-再加载刚度为:

$$E_{ur}=\frac{\sigma_1-\sigma_3}{\Delta\varepsilon}=\frac{66.31}{0.012}=5526(\text{kPa}) \qquad (2\text{-}9)$$

割线刚度为:

$$E_{50}=\frac{\sigma_1-\sigma_3}{\varepsilon_{50}}=\frac{66.31}{0.0194}=3418(\text{kPa}) \qquad (2\text{-}10)$$

图 2-17 给出了取土深度为 20.6～21.6m,编号为 40♯ 的应力-应变曲线。由图 2-16 可知,该土样的主应力差最大值为 145.8kPa,应变变化量为 0.025%,则该试样的卸载-再加载刚度为:

$$E_{ur}=\frac{\sigma_1-\sigma_3}{\Delta\varepsilon}=\frac{145.8}{0.025}=5832(\text{kPa}) \qquad (2\text{-}11)$$

割线刚度为:

$$E_{50}=\frac{\sigma_1-\sigma_3}{\varepsilon_{50}}=\frac{145.8}{0.0475}=3069(\text{kPa}) \qquad (2\text{-}12)$$

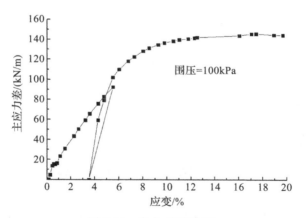

图 2-17　应力-应变曲线

为了便于分析,图 2-18 给出了砂土试样的应力-应变曲线,由图可知,该试样的偏应力最大值为 329kPa,应变为 0.86%,则该砂样的割线刚度为:

$$E_{50}=\frac{329}{0.0086}=38255(\text{kPa}) \qquad (2\text{-}13)$$

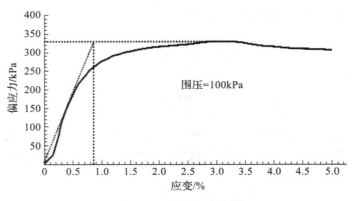

图 2-18　应力-应变曲线

因此,砂样的割线刚度明显大于黏土的割线刚度,表 2-7 给出了砂样在不同密实度下的试验刚度经验值。

表 2-7　砂土在不同密实度下的刚度经验值　　　　单位:kN/m²

| 参数 | 疏松 | 中密 | 密实 |
|---|---|---|---|
| $E_{50}^{ref}$ (对 $p_{ref}=100kPa$) | 20000 | 30000 | 40000 |
| $E_{ur}^{ref}$ (对 $p_{ref}=100kPa$) | 60000 | 90000 | 120000 |
| $E_{oed}^{ref}$ (对 $p_{ref}=100kPa$) | 20000 | 30000 | 40000 |

## 2.5.4　试验数据分析

采用三轴试验可得出土体的卸载-再加载刚度和割线刚度,砂样的割线刚度与经验值较为接近,且明显大于黏土的割线刚度,卸载-再加载刚度和割线刚度结果的准确性对研究香港周边地区土体的回弹再压缩沉降特性具有重要意义。

目前,对标准排水三轴试验中的割线刚度和卸载-再加载刚度的确定方法的研究思路比较清晰,但亟须解决试样自身特性的差异和人工误差,如全自动三轴仪采集系统的准确性;人工操作对试样的影响程度不同,所产生的试验结果存在差异;平移卸载-再加载刚度曲线所得出的刚度值需通过三轴设备进行验证;卸载-再加载操作对试样的抗剪强度存在影响,能否直接在卸载-再加载刚度曲线上直接取割线刚度有待商榷。

# 2.6　本章小结

为研究港珠澳大桥海底沉管隧道基坑开挖下土体的回弹再压缩特性,本章对香港地区海底基坑粉质黏土开展了一系列的室内土工试验,得出以下结论。

(1)土体在不同前期固结压力下的回弹曲线趋近平行,并且在回弹过程初期回弹变形量较小,接近完全卸荷时回弹变形速度增大。

(2)土体的卸荷程度未达到临界卸荷比时,回弹变形量基本为 0;本章通过试验确定研究土体的临界卸荷比为 0.434,可将卸荷比大于 0.434 的范围看作土体的回弹范围。

(3)土体的卸荷比大于强回弹卸荷比时,回弹模量急剧减小,但回弹量很大;本章通过试验确定研究土体的强回弹卸荷比为 0.841,可将卸荷比大于 0.841 的范围看作土体的强回弹范围。

(4)具有不同前期固结压力的海底软基土体,其再压缩变形趋势大致相同。再压缩前期阶段土体变形增长较快,当再压缩加荷比为 0.2 时,再压缩变形量就可达到回弹变形量的 40%;当再压缩加荷比为 0.8 时,再压缩变形量大致与回弹变形量相等;当再压缩竖向荷载与前期最大固结压力相等时,再压缩变形量可达回弹变形量的 1.2~1.4 倍。

(5)为了减小试验误差,取同一深度的两组试样进行三轴试验,并将两者所得的卸载-再加载刚度进行对比,同时将割线刚度与砂样在不同密实度下的试验刚度经验值进行对比分析,结果表明,两组试样所得卸载-再加载刚度结果比较接近,验证了试验结果的准确性;砂样的割线刚度与经验值较为接近,且明显大于黏土的割线刚度。

# 第3章
# 软土地基回弹再压缩数值模拟

## 3.1 SANICLAY 结构性黏土本构模型

### 3.1.1 土体结构性概述

太沙基（Terzaghi）较早便提出了土体结构性这一概念，他认为土体结构性是土体的一种微观结构性在宏观上的表现。早期的土体结构性概念主要是指土体颗粒的排列及孔隙的大小、形状和分布特征。随着研究的深入，人们发现土颗粒之间不仅仅是简单的几何接触关系，还存在着某种联结作用，这种联结作用对土体的工程力学特性起到了决定性的影响。于是，许多学者纷纷提出以结构联结作为突出标志的现代土体结构性概念。沈珠江院士评论能反映土体结构性的本构模型为"21 世纪土力学的核心"，由此可见土体结构性这一问题的重要性，同时也体现了其复杂性。三种常见的土体本构模型在三轴剪切条件下的应力-应变曲线如图 3-1 所示。

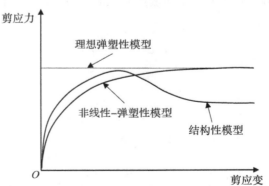

图 3-1 三种常见的描述土体本构模型的应力-应变曲线

理想弹塑性模型主要关注土体的强度,该模型认为土体一旦进入屈服即视为破坏,土体的变形行为无法被准确描述。非线性-弹塑性模型则可以描述土体在应变发展阶段发生的硬化行为,更接近土体的真实响应。对比传统的非线性-弹塑性模型和结构性模型可以看出,结构性土体模型在应力-应变关系上存在显著的差异。土体在受剪过程中存在一个明显的峰值强度(一般强度要远大于重塑土),当剪应力达到峰值强度时,会出现剧烈的数值下降,强度会迅速降低,最终达到稳定的残余强度。原状土体强度迅速降低会使实际工程的危险系数增大,这一点已经得到了工程设计者和研究人员的广泛认同。另外,结构性在天然土中广泛存在,因而在岩土本构模型的研究中加入结构性的考虑既具有理论意义又富有实用价值。

### 3.1.2　海底原状黏土的室内试验

采用薄壁取土器得到我国南海域海底原状土样,如图 3-2 所示。试验包括颗粒分析试验、含水率试验、密度试验、一维压缩试验和静三轴试验。

图 3-2　原状土取样

我们通过这些试验分析了原状土体的颗粒集配、含水率、孔隙比以及液塑限等物理特性,图 3-3 给出了不同取土深度处典型的黏土粒径级配曲线。

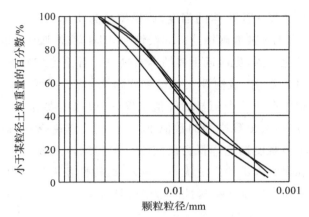

(a) 取土深度17m以内(不均匀系数$C_c$=1.0~1.2，曲率系数$C_u$=1.0~2.5，黏土)

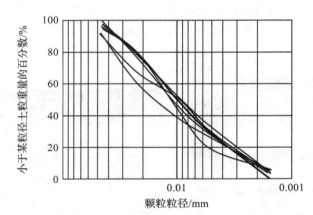

(b) 取土深度大于17m(不均匀系数$C_c$=0.789~1.300，曲率系数$C_u$=3~7，黏土)

图 3-3　典型黏土粒径集配曲线

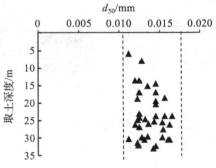

图 3-4　中值粒径随深度变化规律

从图 3-4 中可以看出，该黏土的中值粒径 $d_{50}$ 在 $0.010\sim0.017$mm，且随着深度增加超过 40m，$d_{50}$ 的值逐渐稳定，土样分类均为典型的黏土。将不同深度土体的含水率、饱和容重、孔隙比液限和塑限按照取土深度不同进行划分，得出了不同取土深度范围内土体含水率、饱和容重及孔隙比的分布规律，如图 3-5 所示。另外，表 3-1 给出了不同取土深度土体的物性指标平均值。

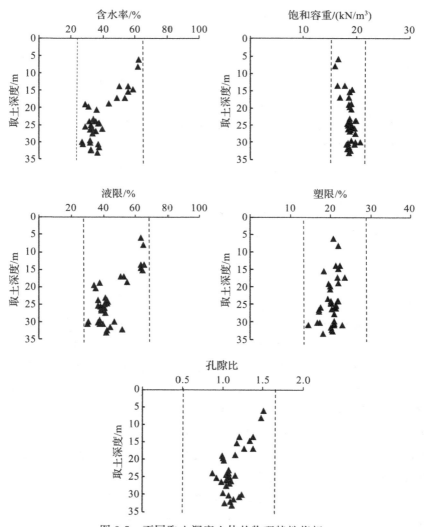

图 3-5　不同取土深度土体的物理特性指标

表 3-1　土样平均物性指标

| 取土深度/m | 天然状态土的物理指标 | | | | |
|---|---|---|---|---|---|
| | 含水率/% | 饱和容重/(kN/m³) | 孔隙比 | 液限/% | 塑限/% |
| 6～10 | 62.34 | 17.80 | 1.314 | 65.2 | 21.3 |
| 10～15 | 53.28 | 17.67 | 1.264 | 61.8 | 21.8 |
| 15～20 | 48.47 | 18.94 | 1.084 | 52.6 | 21.7 |
| 20～25 | 35.80 | 18.71 | 1.078 | 44.8 | 19.8 |
| 25～30 | 31.80 | 18.62 | 1.015 | 41.5 | 19.4 |
| 30～35 | 33.96 | 18.68 | 1.021 | 41.1 | 19.3 |

由图 3-5 可知,对于 10～17m 范围内的黏土而言,土体的含水率和孔隙比随着取土深度的增加呈一定的减小趋势,而饱和容重则呈增大的趋势。取土深度 6～10m 的土体含水率约为 62%,饱和容重为 17.8kN/m³,孔隙比约为 1.3。随着取土深度增大至 20m,含水率减小至约 48%,饱和容重增加至约 18kN/m³,孔隙比减小至约 1。对于取土深度大于 20m 的黏土而言,含水率约为 32%,饱和容重约为 18.8N/m³,孔隙比约为 1.01。深度较浅的土体液限约在 60%,塑限约在 20%。大于 20m 的土层,其液限约在 40%,塑限约在 19%,随着深度的增加,液塑限逐渐趋于稳定。

除了土体的基本物性指标外,土体的超固结比对土体的强度也有着重要的影响。采用一维压缩试验,依据卡萨格兰德法确定土体历史上最大的固结压力。10～20m 范围内的土体的超固结比基本上为 1.0,并且随着深度增加至 20m 以上时,土体的超固结比值也不超过 1.2。可以看出,该海域内土体多为新近沉积的正常固结黏土。

有效应力路径是描述原状土应力状态变化的重要依据,依据有效应力路径可明确土体应力轨迹在外力作用下的发展历史。基于临界状态土力学的土体本构模型参数需要基于三轴条件下的有效应力路径予以标定。可对原状土的有效应力进行分析,明确土体的有效应力发展规律和临界状态应力比。

采用英国进口的动态三轴仪对原状土进行静三轴试验,该设备具有高精度、高可靠性及高稳定性的特点,可精确测量土体的应力-应变关系、有效应力路径及加载过程中孔隙水压力的变化。土体的制备及三轴试验步骤如下。由于在运输过程中,原状土将不可避免地产生一定程度的失水现象,因此需对原状土重新进行饱和。将取出的三轴试验试样放入标准的三轴试样饱和器内,按照土工试验规程的相关规定,对其进行真空饱和。每一个三轴试样的抽真空时间不低于 4h,静置时间不低于 12h。由于前一步中抽真空饱和的方法无法使土体的饱和度超过 95%,

因此试验时在试样顶部施加 300kPa 的反压,反压的施加共分为 5 级,每级加载的反压均比围压少 20kPa。试样的固结采用等向或 $K_0$ 的固结方式,固结压力根据土体的取土深度和有效容重确定,其中等压固结的压力取上覆有效压力的 50%(由后续三轴测出的 $K_0$ 系数等于 0.5 确定)。每个试样的孔隙水压力消散超过 95% 时认为土体固结结束。固结结束后,对土样进行不排水剪切,剪切速率为 3%/h。图 3-6 为三轴试验过程。

(a) 开始装样　　　　　　　　　　(b) 剪切

图 3-6　三轴试验过程

将静三轴结果中的有效应力路径进行汇总,如图 3-7 所示。三轴试验的围压确定方法:首先依据土体有效容重大致计算出土体的有效上覆压力(依据之前的容重数据,20m 深度以内的土体容重取 8.5kN/m³,20m 深度以上的土体容重取 9.0kN/m³),根据上覆有效压力与 $K_0$ 系数(土体的平均 $K_0$ 固结系数由 $K_0$ 三轴固结试验确定为 0.475)确定水平向有效固结压力,此压力即为土体固结时的初始围压。因此,从图中的有效应力路径的起点可以得出具体的取土深度。

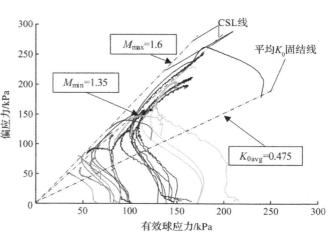

图 3-7　静三轴有效应力路径汇总

从图 3-7 可以看出,土体在三轴压缩剪切的初期,由于孔隙水压力的显著累积,有效球应力减小,这与常规正常固结土的先期有效应力路径相同。若土体为强超固结土,则在剪切的初期,有效球应力将会有明显的增加,有效路径从干侧向湿侧发展,并逐渐接近临界状态线(CSL)。由此可以再次确定土体的超固结比很小。

随着剪切的进行,等压固结中的部分试样出现了有效球应力增加和偏应力增加的情况(主要出现在围压大于 140kPa 的组次),通过检查剪切后试样的破坏模式发现,这类土样的剪切大多出现了显著的贯通滑移面,说明在剪切的后期,上部土样和下部土样产生了滑移破坏,导致土体强度显著上升,如图 3-8 所示。其他未出现显著贯通滑移面的组次,应力路径在剪切后期逐渐接近临界状态线,偏应力和有效球应力未出现过度增加的情况。在 $K_0$ 固结的试验结果中发现,低围压时的应力路径结果与等压固结结果相似,偏应力未出现明显的降低情况,但随着围压的增加,深度较大的土体出现

图 3-8　剪切结束后出现的显著贯通面

了明显的结构性损伤,即在剪切后期偏应力出现了陡降段,陡降段的拐点恰好位于 CSL 线上,表明土体有显著的结构性特征。

另外,从临界状态线的拟合结果可以看出,不同深度原状土的临界应力比在 1.35～1.60,这个范围要略大于一般重塑土的临界状态应力比(如重塑高岭土的值一般为 0.8)。

### 3.1.3　剑桥模型模拟原状土的局限性

依据静三轴的有效应力路径结果,分析剑桥模型模拟原状土有效应力路径的适用性。对不同深度处典型土的三轴结果进行模拟,其中需要标定的剑桥模型参数主要有对数体积模量 $\kappa$ 和压缩曲线在 $e$-$\ln p$ 上的斜率 $\lambda$(由压缩试验曲线确定),临界状态应力比 $M$ 和初始屈服面大小 $p_0$(由三轴应力路径曲线确定)。需要说明的是,泊松比按照一般的黏土取值为 0.2。不同组次的剑桥模型参数如表 3-2 所示。

表 3-2　剑桥模型参数率定

| 试验组次 | 固结方式 | $M$ | $\lambda$ | $\kappa$ | $\nu$ | $p_0$ |
|---|---|---|---|---|---|---|
| I1 | 等压 | 1.39 | 0.1164 | 0.034 | 0.2 | 64.0 |
| I2 | 等压 | 1.21 | 0.1034 | 0.031 | 0.2 | 43.5 |
| I3 | 等压 | 1.40 | 0.1014 | 0.028 | 0.2 | 100.0 |
| I4 | 等压 | 1.31 | 0.0913 | 0.025 | 0.2 | 130.0 |
| I5 | 等压 | 1.32 | 0.0903 | 0.019 | 0.2 | 210.0 |
| K1 | $K_0$ | 1.60 | 0.1260 | 0.035 | 0.2 | 68.0 |
| K2 | $K_0$ | 1.52 | 0.1160 | 0.030 | 0.2 | 82.0 |
| K3 | $K_0$ | 1.40 | 0.0960 | 0.021 | 0.2 | 133.0 |
| K4 | $K_0$ | 1.45 | 0.0880 | 0.020 | 0.2 | 240.0 |

数值模拟在 ABAQUS 中进行,采用一个正方体单元验证,单元类型为带孔压自由度的 C3D8P 单元。剪切分析采用 soil 分析步中的瞬态分析方法。在剪切分析步中,于顶部施加位移荷载。边界条件设置:在整个分析过程中约束底部 $z$ 方向的位移,顶部设置为不排水条件。图 3-9 和图 3-10 分别给出了等压固结和 $K_0$ 固结的模拟结果。

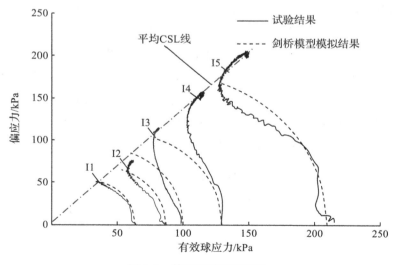

图 3-9　等压固结模拟结果

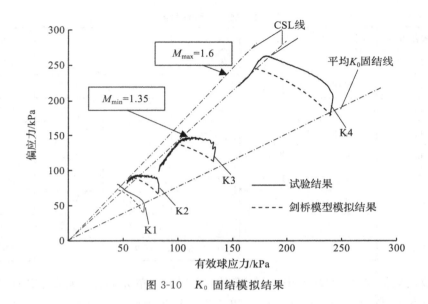

图 3-10　$K_0$ 固结模拟结果

从图 3-9 中可以看出,在等压固结围压较小的情况下(取土深度较小的土体),剑桥模型可以给出较好的模拟结果,除了有些组次中出现的由滑移现象引起的应力显著增长模型无法被模拟以外,剑桥模型基本上能模拟土体在达到拐点之前的行为。由于破坏机制的改变,土体滑移现象的发生使土体的本构模型无法进行模拟土体的单元响应。从图 3-10 可以看出,对于更为明确的考虑土体的 $K_0$ 固结结果,剑桥模型的模拟情况不太理想。这是因为剑桥模型的硬化规律中只考虑了等向硬化,即屈服面只会随着球应力的增加而扩张。在这样的假设条件下,剑桥模型无法准确捕捉到土体各向异性带来的影响,只能模拟出土体达到临界状态时的土体强度值。另外,由于剑桥模型没有考虑损伤的硬化规律,因此,更无法反映出取土深度较大的土体在剪切后期出现的强度损伤规律。基于上述分析,若要考虑土体各向异性和结构性的影响,需要引入额外的硬化规律。

### 3.1.4　屈服准则及硬化规律演变发展

SANICLAY 模型最早由著名的达法里亚斯(Dafalias)教授于 1986 年提出,意思为简单的考虑土体各向异性的黏土模型,该模型是基于临界状态土力学的理论框架和有效应力原理提出的。后来,铁巴特(Tiebat)和达法里亚斯引入了结构性损伤因子和相应的硬化规律,使原有的模型进化成结构性 SANICLAY 模型,该模型不仅继承了原有模型中对土体各向异性的描述,还捕捉了结构性土由于剪应变和球应变累积引起强度降低的力学特性。对于结构性 SANICLAY 模型而言,由于其模型参数较多,相应的硬化规律也极为复杂,模型呈现出的应力-应变关系存在高度的非线性特征,这给求解增量形式的弹塑性矩阵带来了相当大的难度。

为深入了解结构性 SANICLAY 模型,第一步则是对模型的屈服面函数、流动法则及硬化规律的发展做出深刻的剖析。下面将发展中三个重要的模型按照时间顺序进行深入分析和对比。

(1)相关联流动法则的 SANICLAY 模型

最初的 SANICLAY 模型在相关联流动准则的基础上通过引入初始旋转张量和旋转硬化规律来体现各向异性的影响。屈服面函数与硬化规律在 $p\text{-}q$ 空间的表达式如公式(3-1)~公式(3-3)所示。

$$f = (q - p\beta)^2 - (M^2 - \beta^2)\,p(p_0 - p) = 0 \tag{3-1}$$

$$\dot{\beta} = \langle L \rangle \left( \frac{1 + e_{\text{in}}}{\lambda - \kappa} \right) \left| \frac{\partial f}{\partial p} \right| \left( \frac{C}{p_0} \right)(q - x p\beta) \tag{3-2}$$

$$\dot{p}_0 = \langle L \rangle \left( \frac{1 + e_{\text{in}}}{\lambda - \kappa} \right) \frac{\partial f}{\partial p} p_0 \tag{3-3}$$

式中,$q$ 为偏应力,$p$ 为球应力,$e_{\text{in}}$ 为土体初始孔隙比,$f$ 为土体屈服面函数,$\beta$ 为考虑旋转硬化的内变量,$M$ 为临界状态应力比,$p_0$ 为反映初始屈服面大小的参数,$\lambda$ 为正常固结土在 $e\text{-}\ln p$ 曲线上的斜率,$\kappa$ 为正常固结土在 $e\text{-}\ln p$ 曲线上的回弹斜率。$x$ 为反映屈服面在特定应力比 $\eta = q/p$ 条件下旋转程度的上限常数,$C$ 为反映屈服面旋转速率的常数,$L$ 为塑性因子。$\langle\,\rangle$ 为麦考利(Macauley)符号,其定义为当 $\langle L \rangle$ 中的 $L > 0$ 时,则 $\langle L \rangle = L$;当 $L \leqslant 0$ 时,则 $\langle L \rangle = 0$。

可以看出,最初的 SANICLAY 模型是在剑桥模型上发展而来的,只是在剑桥模型基础上增加了旋转的内变量和相应的硬化规律。若 $\beta = 0$,则公式(3-1)完全退化成等向硬化的剑桥模型,但其等向硬化参数 $p_0$ 的硬化规律则与剑桥模型一致。事实上,旋转硬化规律的引入是基于大量三轴试验结果,用来表征土体的初始各向异性和后续剪切过程中体现的诱发各向异性的。在旋转硬化规律的作用下,屈服面和塑性势面可以旋转,对塑性剪应变的计算将更为准确。

(2)非相关联流动法则的 SANICLAY 模型

后续的几十年,SANICLAY 模型得到了迅速的发展,并引起了广泛的关注。达法里亚斯于 2006 年将非关联流动准则引入最初的模型并完善了相关旋转变量的硬化规律,提出了基于非相关联流动法则的土体各向异性本构模型。其中,模型的弹性关系可由与剑桥模型相同的公式(3-4)和公式(3-5)表述:

$$\varepsilon_v^e = \frac{p}{K}, \quad \varepsilon_q^e = \frac{q}{3G} \tag{3-4}$$

式中,$\varepsilon_v^e$ 为弹性体应变;$\varepsilon_q^e$ 为弹性剪应变;$K = p(1 + e_{\text{in}})/\kappa$ 为弹性体积模量;$G$ 为剪

切模量,可由 $K$ 和泊松比 $\nu$ 之间的换算关系得出。

屈服函数和相关的硬化规律表述如下。

屈服函数: $\qquad f=(q-p\beta)^2-(N^2-\beta^2)p(p_0-p)=0$ $\qquad$ (3-5)

塑性势函数: $\qquad g=(q-p\alpha)^2-(M^2-\alpha^2)p(p_0-p)=0$ $\qquad$ (3-6)

式中,$\beta$ 和 $\alpha$ 分别为屈服面和塑性势面中表征旋转硬化的内变量。非相关联流动法则的引入使屈服面和塑性势面的函数表达不同,它可以更为准确地描述土体塑性应变的发展方向。从图 3-13 中可以看出,新的参数 $N$ 和 $\beta$ 的引入是屈服面函数不同于塑性势函数的本质,其中 $N$ 为类似于临界状态应力比 $M$ 的屈服面临界应力比,$\alpha$ 为描述塑性势面旋转变化的内变量。相应的,$p_\alpha$ 和 $p_0$ 为表征当前塑性势面大小和屈服面大小的参数,可根据当前应力状态予以确定。

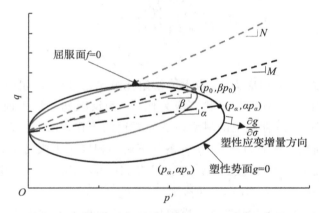

图 3-11 基于非相关联流动准则的 SANICLAY 模型塑性势面与屈服面

从公式(3-5)和公式(3-6)可以看出,屈服函数和塑性势函数的表达形式基本相同,等向硬化规律与公式(3-3)完全相同。相比最开始的各向异性模型,其创新之处主要在于 $\beta$ 和 $\alpha$ 两个旋转内变量的硬化规律上,如公式(3-7)和公式(3-8)所示:

$$\dot{\alpha}=\langle L\rangle\left[\left(\frac{1+e}{\lambda-\kappa}\right)C\left(\frac{p}{p_0}\right)^2\left|\frac{\partial g}{\partial p}\right||\eta-x_\alpha\alpha|(\alpha^b-\alpha)\right] \qquad (3\text{-}7)$$

式中,$\alpha^b=M_e(\eta/x_\alpha>\alpha)$,$\alpha^b=-M_e(\eta/x_\alpha<\alpha)$。

$$\dot{\beta}=\langle L\rangle\left[\left(\frac{1+e}{\lambda-\kappa}\right)C\left(\frac{p}{p_0}\right)^2\left|\frac{\partial g}{\partial p}\right||\eta-x_\beta\beta|(\beta^b-\beta)\right] \qquad (3\text{-}8)$$

式中,$x_\alpha$ 和 $x_\beta$ 为反映特定应力比($q/p$)下屈服面与塑性势面旋转程度上限的常数。对于旋转硬化参数 $\alpha$ 和 $\beta$ 而言,Dafalias 发现它们的硬化规律需要满足以下三个条件。首先,在剪应力与球应力之比 $\eta$ 一定的条件下,$\alpha$ 应该收敛,且其收敛值等于

$\eta/x$，因此屈服面函数中出现了 $|\eta-x_\alpha|$ 一项。可以看出，当 $\alpha$ 的导数为 0 时，$\alpha$ 取得极大值 $\eta/x$，这一方法同样可用在塑性势面的表达式中。其次，需要满足 $|\alpha|>M$，最开始的 SANICLAY 模型的硬化规律则没能考虑到这一点，导致 $\eta$ 在很大的情况下出现了 $|\alpha|>M$ 的情况。基于此，模型在原有的基础上增加 $(\alpha-\alpha^b)$ 这一项进行约束，可以看出 $\alpha^b$ 的值与考虑结构性的临界状态比 $M$ 有关。最后，与 $p_0$ 所满足的类似，当 $\eta=M$ 时，$\dot\alpha=0$，即土体达到临界状态时 $\alpha$ 取得极大值，并且塑性势面不再发生旋转。基于此，在屈服面和塑性势面的表达式中出现了 $|\partial g/\partial p|$ 这一与体应变有关的一项，当应力状态达到临界状态应力比时，体应变不再增加，从而 $\dot\alpha=0$，$\dot\beta=0$，这一点实质上是土体临界状态在旋转硬化当中的体现。

（3）考虑结构性的 SANICLAY 模型

在非相关联流动法则 SANICLAY 模型的基础上，铁巴特等引入结构性损伤系数至相应的硬化规律中，提出了考虑结构性的 SANICLAY 模型。模型的具体表述见表 3-3。

表 3-3　考虑结构性的 SANICLAY 模型

| 变量 | 铁巴特等考虑结构性 |
|---|---|
| 屈服面 | $f=(q-p\beta)^2-(N^{*2}-\beta^2)p(p_0^*-p)=0$ <br> $p_0^*=S_i p_0, N^*=S_f N$ |
| 塑性势 | $g=(q-p\alpha)^2-(M^{*2}-\alpha^2)p(p_0^*-p)=0$ <br> $M^*=S_f M$ |
| 等向硬化 | $\dot p_0=\langle L\rangle\left(\dfrac{1+e}{\lambda-\kappa}\right)p_0\dfrac{\partial g}{\partial p}$ <br> $\dot p_0^*=\dot S_i p_0+S_i \dot p_0=\langle L\rangle(\overline{S}_i p_0+S_i \overline{p}_0)$ |
| 旋转硬化 | $\dot\alpha=\langle L\rangle\left[\left(\dfrac{1+e}{\lambda-\kappa}\right)C\left(\dfrac{p}{p_0^*}\right)^2\left|\dfrac{\partial g}{\partial p}\right| \mid \eta-x_\alpha\alpha \mid (\alpha^b-\alpha)+\dfrac{\overline{S}_f}{S_f}\alpha\right]\alpha^b$ <br> $=M_e^*(\eta/x_\alpha>\alpha)\alpha^b=-M_e^*(\eta/x_\alpha<\alpha)$ <br> $\dot\beta=\langle L\rangle\left[\left(\dfrac{1+e}{\lambda-\kappa}\right)C\left(\dfrac{p}{p_0^*}\right)^2\left|\dfrac{\partial g}{\partial p}\right| \mid \eta-x_\beta\beta \mid (\beta^b-\beta)+\dfrac{\overline{S}_f}{S_f}\beta\right]$ |
| 结构性 | $\dot S_i=\langle L\rangle\overline{S}_i=-k_i\left(\dfrac{1+e}{\lambda-\kappa}\right)(S_i-1)\dot{\overline{\varepsilon}}_d^p$ <br> $\dot S_f=\langle L\rangle\overline{S}_f=-k_f\left(\dfrac{1+e}{\lambda-\kappa}\right)(S_f-1)\dot{\overline{\varepsilon}}_d^p$ <br> $\overline{\alpha}_f=\dfrac{\overline{S}_f}{S_f}\alpha \quad \overline{\beta}_f=\dfrac{\overline{S}_f}{S_f}\beta$ <br> $\dot{\overline{\varepsilon}}_d^p=\langle L\rangle\overline{\varepsilon}_d^p=\sqrt{(1-A)\dot{\overline{\varepsilon}}_v^{p2}+A\dot{\overline{\varepsilon}}_q^{p2}}$ |

考虑结构性的 SANICLAY 模型增加的参数表述：$S_i$ 为考虑各向同性的结构性标量；$S_f$ 为考虑摩擦的结构性标量；$M^*$ 为考虑摩擦结构性的临界状态应力比；$N^*$ 为屈服面中考虑摩擦结构性的临界应力比；$P_0^*$ 为控制考虑各向同性结构性影响的屈服面和塑性势面大小参数；$\alpha_f$ 和 $\beta_f$ 分别为摩擦结构性对屈服面旋转与塑性势面旋转的影响参数，为表征结构损伤的塑性应变率，与塑性体应变和剪应变均有关；$A$ 是表征塑性体应变和塑性剪应变对结构性损伤贡献程度的常数；$k_i$ 是表征等向结构性损伤速率的常数；$k_f$ 是表征摩擦结构性损伤速率的常数；$C$ 为表征土体各向异性发展速率的常数。

由表 3-3 可知，结构性影响通过引入各向同性结构性和摩擦结构性影响参数予以确定，各向同性结构性主要体现在影响屈服面和塑性势面大小上，摩擦结构性则主要体现在改变临界状态比和旋转硬化参数大小上。另外，模型规定通过〈$L$〉塑性因子来表征硬化参数增量的大小，通过 $\overline{p_0^*}$，$\overline{\alpha^*}$，$\overline{\beta^*}$，$\overline{S}_f$，$\overline{S}_i$ 来表征各自硬化参数增量的方向，如式（3-9）所示：

$$\dot{\alpha}=\langle L\rangle\overline{\alpha^*}\ ,\dot{\beta}=\langle L\rangle\overline{\beta^*}\ ,\dot{S}_i=\langle L\rangle\overline{S}_i\ ,\dot{S}_f=\langle L\rangle\overline{S}_f \tag{3-9}$$

需要说明的是，无论是各向同性结构性 $S_i$ 还是各向异性结构性 $S_f$，两者均与塑性剪应变和塑性体应变有关，并且它们的导数均小于零，即无论塑性剪应变的发展还是塑性体应变的发展，均会损伤土体的结构性。

上述对屈服准则和硬化规律的分析主要还是停留在 $p$-$q$ 空间的分析上，若要进行模型的进一步开发，则需要对模型进行三维的泛化。目前常用的本构模型三维化方法主要有采用广义或修正广义的 Mises 准则、基于 SMP 准则的变换应力法及直接轨迹追踪法。第一种方法更简易、更易操作，因此具有较强的实用性。下面在广义 Mises 准则的基础上，给出三维条件下模型的屈服准则、流动法则及硬化规律。

首先给出表 3-3 中带结构性损伤的 SANICLAY 模型屈服面、塑性势面及硬化参数在三维空间中的表达。从 $p$-$q$ 空间扩展到三维空间的泛化首先需将 $p$-$q$ 空间内的标量 $\alpha$、$\beta$ 和 $q$ 等按照公式（3-10）和公式（3-11）进行泛化，获得相应参数在三维空间中的张量表达：

$$\frac{3}{2}\boldsymbol{\alpha}:\boldsymbol{\alpha}=\alpha^2\ ;\frac{3}{2}\boldsymbol{\beta}:\boldsymbol{\beta}=\beta^2 \tag{3-10}$$

$$\frac{3}{2}\boldsymbol{s}:\boldsymbol{s}=q^2\ ;\frac{3}{2}\boldsymbol{r}:\boldsymbol{r}=\eta^2 \tag{3-11}$$

式中，: 为双点积符号，表示两个矩阵之间的乘积并取其迹 $tr$。$\boldsymbol{\alpha}$ 和 $\boldsymbol{\beta}$ 分别为内变量 $\alpha$ 和内变量 $\beta$ 的张量形式，$\boldsymbol{s}$ 为偏应力的张量形式，$\boldsymbol{r}$ 为应力比 $\eta$ 的张量形式。若

$\alpha$ 和 $\beta$ 的值是从三轴 $p$-$q$ 空间得到的(按照主应力计算所得),则按照公式(3-10)进行泛化后,$\alpha$ 和 $\beta$ 法线方向的分量需满足 $\alpha(1,1)=2\alpha(2,2)=2\alpha(3,3)$,$\beta(1,1)=2\beta(2,2)=2\beta(3,3)$。

依据公式(3-10),替换相应的 $\alpha,\beta$ 和 $q$,则可得到屈服面函数和塑性势面函数在三维空间中的表达:

$$f=\frac{3}{2}(s-p\beta):(s-p\beta)-\left(N^{*2}-\frac{3}{2}\beta:\beta\right)p(p_0^*-p)=0 \tag{3-12}$$

$$g=\frac{3}{2}(s-p\alpha):(s-p\alpha)-\left(M^{*2}-\frac{3}{2}\alpha:\alpha\right)p(p_a-p)=0 \tag{3-13}$$

模型的等向硬化规律如公式(3-13)所示,其中原来公式(3-12)的 $\frac{\partial g}{\partial p}$ 按照张量形式表示为矩阵 $\left(\frac{\partial g}{\partial \boldsymbol{\sigma}}\right)$ 的积:

$$\dot{p}_0=\langle L\rangle\left(\frac{1+e}{\lambda-\kappa}\right)p_0\,tr\left(\frac{\partial g}{\partial \boldsymbol{\sigma}}\right) \tag{3-14}$$

考虑结构性的硬化参数 $\dot{p}_0^*$,$S_i$,$S_f$,$M^*$ 和 $N^*$ 是标量,它们的硬化规律与表 3-3 中所述相同,如公式(3-15)~(3-18)所示:

$$\dot{p}_0^*=\dot{S}_i p_0+S_i\dot{p}_0=\langle L\rangle(\overline{S}_i p_0+S_i\overline{p}_0) \tag{3-15}$$

$$\dot{S}_i=\langle L\rangle\overline{S}_i=-k_i\left(\frac{1+e}{\lambda-\kappa}\right)(S_i-1)\dot{\epsilon}_d^p \tag{3-16}$$

$$M^*=S_f M,N^*=S_f N \tag{3-17}$$

$$\dot{S}_f=\langle L\rangle\overline{S}_f=-k_f\left(\frac{1+e}{\lambda-\kappa}\right)(S_f-1)\dot{\epsilon}_d^p \tag{3-18}$$

类似地,$\alpha$ 和 $\beta$ 的泛化后的硬化规律如公式(3-19)和公式(3-20)所示:

$$\dot{\boldsymbol{\alpha}}=\langle L\rangle\overline{\boldsymbol{\alpha}}$$
$$=\langle L\rangle\left[\left(\frac{1+e}{\lambda-\kappa}\right)C\left(\frac{p}{p_0}\right)^2\left|tr\left(\frac{\partial g}{\partial \boldsymbol{\sigma}}\right)\right|\left|\frac{3}{2}(r-x_a\boldsymbol{\alpha}):(r-x_a\boldsymbol{\alpha})\right|^{\frac{1}{2}}(\boldsymbol{\alpha}^b-\boldsymbol{\alpha})+\frac{\overline{S}_f}{S_f}\boldsymbol{\alpha}\right] \tag{3-19}$$

$$\dot{\boldsymbol{\beta}}=\langle L\rangle\overline{\boldsymbol{\beta}}$$
$$=\langle L\rangle\left[\left(\frac{1+e}{\lambda-\kappa}\right)C\left(\frac{p}{p_0}\right)^2\left|tr\left(\frac{\partial g}{\partial \boldsymbol{\sigma}}\right)\right|\left|\frac{3}{2}(r-x_\beta\boldsymbol{\beta}):(r-x_\beta\boldsymbol{\beta})\right|^{\frac{1}{2}}(\boldsymbol{\beta}^b-\boldsymbol{\beta})+\frac{\overline{S}_f}{S_f}\boldsymbol{\beta}\right] \tag{3-20}$$

### 3.1.5　增量形式的弹塑性矩阵

根据传统弹塑性力学理论,并结合上述屈服面、塑性势面和硬化参数表达式,弹塑性刚度矩阵的推导如下。

表示应变增量与弹塑性应力增量矩阵如公式(3-21)、公式(3-22)所示：

$$d\varepsilon_p = \langle L \rangle \frac{\partial g}{\partial \boldsymbol{\sigma}} \tag{3-21}$$

$$d\boldsymbol{\sigma} = [D_e](d\varepsilon - d\varepsilon_p) \tag{3-22}$$

依据公式(3-20)~公式(3-23)和一致性条件 $df = 0$ 可得最终的增量形式的弹塑性矩阵：

$$d\sigma = [D_e](d\varepsilon - d\varepsilon_p) = [D_{ep}]d\varepsilon = \left[ [D_e] - \frac{[D_e]\frac{\partial g}{\partial \boldsymbol{\sigma}} \left(\frac{\partial f}{\partial \boldsymbol{\sigma}}\right)^{\mathrm{T}}[D_e]}{K_p + \left(\frac{\partial f}{\partial \boldsymbol{\sigma}}\right)^{\mathrm{T}}[D_e]\frac{\partial g}{\partial \boldsymbol{\sigma}}} \right]d\varepsilon \tag{3-23}$$

根据塑性因子 $L$ 和体积模量定义可知其表达式为公式(3-24)和公式(3-25)：

$$L = \frac{1}{K_p}\left(\frac{\partial f}{\partial \boldsymbol{\sigma}} : d\boldsymbol{\sigma}\right) = \frac{1}{K_p}\left(\frac{\partial f}{\partial \boldsymbol{s}} : ds + \frac{\partial f}{\partial p} : dp\right) \tag{3-24}$$

$$K_p = -\left(\frac{\partial f}{\partial p_0^*}\overline{p}_0^* + \frac{\partial f}{\partial N^*}\overline{N}^* + \frac{\partial f}{\partial \boldsymbol{\beta}} : \overline{\boldsymbol{\beta}}^*\right) \tag{3-25}$$

求解公式(3-23)需要求解塑性势函数对各个应力分量的导数 $\frac{\partial g}{\partial \boldsymbol{\sigma}}$、屈服面函数对各个应力分量的导数 $\frac{\partial f}{\partial \boldsymbol{\sigma}}$ 及体积模量 $K_p$。

$\frac{\partial g}{\partial \boldsymbol{\sigma}} = \frac{\partial g}{\partial \boldsymbol{s}}\frac{\partial \boldsymbol{s}}{\partial \boldsymbol{\sigma}} + \frac{\partial g}{\partial p}\frac{\partial p}{\partial \boldsymbol{\sigma}} + \frac{\partial g}{\partial \theta_\beta}\frac{\partial \theta_\beta}{\partial \boldsymbol{\sigma}}$ 可根据公式(3-26)~公式(3-31)求解。

$$\frac{\partial g}{\partial \boldsymbol{\sigma}} = 3(\boldsymbol{s} - p\boldsymbol{\alpha}) + \frac{1}{3}p\left(M^{*2} - \frac{3}{2}\boldsymbol{r}:\boldsymbol{r}\right)\boldsymbol{I} + \frac{\partial g}{\partial \theta_\alpha}\frac{\partial \theta_\alpha}{\partial \boldsymbol{\sigma}} \tag{3-26}$$

引入塑性势面上的 Lode 角 $\theta_a$ 并通过插值的方法来考虑 $M$ 在不同应力状态下的变化。其中，$M$ 可通过公式(3-27)计算：

$$M = \Theta(\theta_a, m)M_c = \frac{2m}{(1+m) - (1-m)\cos 3\theta_a}M_c \tag{3-27}$$

Lode 角 $\theta_a$ 可由公式(3-28)计算：

$$\cos 3\theta_a = \sqrt{6}\,\mathrm{tr}(\boldsymbol{n}_a^3), \quad n_a = \frac{\boldsymbol{r}/x_a - \alpha}{[(\boldsymbol{r}/x_a - \boldsymbol{\alpha}):(\boldsymbol{r}/x_a - \boldsymbol{\alpha})]^{\frac{1}{2}}} \tag{3-28}$$

式中，$\Theta(\theta_a, m)$ 为差值函数，$m = M_e/M_c$ 为拉伸临界应力比与压缩临界应力比的比值。

用公式(3-12)对 $\theta_a$ 求偏导数：

$$\frac{\partial g}{\partial \theta_a} = 6M^{*2}p(p_a - p)\left(\frac{1-m}{2m}\right)\Theta(\theta_a, m)\sin 3\theta_a \tag{3-29}$$

$$\frac{\partial \theta_\alpha}{\partial \boldsymbol{\sigma}} = \frac{-3\left[\boldsymbol{n}_\alpha^2 - \mathrm{tr}(\boldsymbol{n}_\alpha^3)\boldsymbol{n}_\alpha - \frac{1}{3}\boldsymbol{I}(1 + \mathrm{tr}(\boldsymbol{n}_\alpha^2\boldsymbol{\alpha}) - \mathrm{tr}(\boldsymbol{n}_\alpha^3)\mathrm{tr}(\boldsymbol{n}_\alpha\boldsymbol{\alpha}))\right]}{p\left[\frac{3}{2}(\boldsymbol{r}-\boldsymbol{\alpha}):(\boldsymbol{r}-\boldsymbol{\alpha})\right]^{\frac{1}{2}}(1 - 6\mathrm{tr}^2(\boldsymbol{n}_\alpha^3))^{\frac{1}{2}}} \tag{3-30}$$

$$\mathrm{tr}\left(\frac{\partial g}{\partial \boldsymbol{\sigma}}\right) = p\left(M^2 - \frac{3}{2}\boldsymbol{r}:\boldsymbol{r}\right) + \left(\frac{\partial g}{\partial \theta_\alpha}\right)\frac{3\left[\mathrm{tr}(\boldsymbol{n}^2\boldsymbol{\alpha}) - \mathrm{tr}(\boldsymbol{n}^3)\mathrm{tr}(\boldsymbol{n}\boldsymbol{\alpha})\right]}{\left[\left(\frac{3}{2}(\boldsymbol{s}-p\boldsymbol{\alpha}):(\boldsymbol{s}-p\boldsymbol{\alpha})\right)\right]^{\frac{1}{2}}\left[1 - 6\mathrm{tr}^2(\boldsymbol{n}^3)\right]^{\frac{1}{2}}}$$

$$\tag{3-31}$$

$\dfrac{\partial f}{\partial \boldsymbol{\sigma}} = \dfrac{\partial f}{\partial \boldsymbol{s}}\dfrac{\partial \boldsymbol{s}}{\partial \boldsymbol{\sigma}} + \dfrac{\partial f}{\partial p}\dfrac{\partial p}{\partial \boldsymbol{\sigma}} + \dfrac{\partial f}{\partial \theta_\beta}\dfrac{\partial \theta_\beta}{\partial \boldsymbol{\sigma}}$ 可结合公式(3-32)~公式(3-36)求解。

将屈服函数对应力求偏导得到 $\dfrac{\partial f}{\partial \boldsymbol{\sigma}}$ :

$$\frac{\partial f}{\partial \boldsymbol{\sigma}} = 3(\boldsymbol{s}-p\boldsymbol{\beta}) + \frac{1}{3}p\left(N^{*2} - \frac{3}{2}\boldsymbol{r}:\boldsymbol{r}\right)\boldsymbol{I} + \frac{\partial f}{\partial \theta_\beta}\frac{\partial \theta_\beta}{\partial \boldsymbol{\sigma}} \tag{3-32}$$

引入屈服面上的 Lode 角 $\theta_\beta$ 并通过插值的方法来考虑 $N$ 在不同应力状态下的变化。其中 $N$ 可通过公式(3-33)计算:

$$N = \Theta(\theta_\beta, n)N_c = \frac{2n}{(1+n) - (1-n)\cos 3\theta_\beta}N_c \tag{3-33}$$

Lode 角 $\theta_\beta$ 的表达式与 $\theta\alpha$ 类似:

$$\cos 3\theta_\beta = \sqrt{6}\,\mathrm{tr}(\boldsymbol{n}_\beta^3), \boldsymbol{n}_\beta = \frac{\boldsymbol{r}/x_\beta - \boldsymbol{\beta}}{\left[(\boldsymbol{r}/x_\beta - \boldsymbol{\beta}):(\boldsymbol{r}/x_\beta - \boldsymbol{\beta})\right]^{\frac{1}{2}}} \tag{3-34}$$

式中, $\boldsymbol{n}_\beta$ 为屈服方向,由屈服函数对应力求偏导获得。公式(3-32)中的 $\dfrac{\partial f}{\partial \theta_\beta}$ 和 $\dfrac{\partial \theta_\beta}{\partial \boldsymbol{\sigma}}$ 由公式(3-35)和公式(3-36)确定:

$$\frac{\partial \theta_\beta}{\partial \boldsymbol{\sigma}} = \frac{-3\left[\boldsymbol{n}_\beta^2 - tr(\boldsymbol{n}_\beta^3)\boldsymbol{n}_\beta - \frac{1}{3}\boldsymbol{I}(1 + tr(\boldsymbol{n}_\beta^2\boldsymbol{\beta}) - tr(\boldsymbol{n}_\beta^3)tr(\boldsymbol{n}_\beta\boldsymbol{\beta}))\right]}{p\left[\frac{3}{2}(\boldsymbol{r}-\boldsymbol{\beta}):(\boldsymbol{r}-\boldsymbol{\beta})\right]^{\frac{1}{2}}\left[1 - 6tr^2(\boldsymbol{n}_\beta^3)\right]^{\frac{1}{2}}} \tag{3-35}$$

$$\frac{\partial f}{\partial \theta_\beta} = 6N^{*2}p(p_0^* - p)\left(\frac{1-n}{2n}\right)\Theta(\theta_\beta, n)\sin 3\theta_\beta \tag{3-36}$$

$K_p$ 按照公式(3-37)~公式(3-39)进行求解:

$$\frac{\partial f}{\partial p_0^*} = -p\left(N^{*2} - \frac{3}{2}\boldsymbol{\beta}:\boldsymbol{\beta}\right) \tag{3-37}$$

$$\frac{\partial f}{\partial N^*} = -2p(p_0^{*2} - p)N^* \tag{3-38}$$

$$\frac{\partial f}{\partial \boldsymbol{\beta}} = -3p(\boldsymbol{s}-p\boldsymbol{\beta}) + 3p(p_0^* - p)\boldsymbol{\beta} \tag{3-39}$$

结合公式(3-36)~公式(3-39)即可求解出公式(3-35)中的应力增量矩阵。以上则是 SANICLAY 带结构性模型在三维空间的表达以及求解最终增量形式的弹塑性矩阵推导。可以看出,公式(3-36)～公式(3-39)组成了高度非线性的方程组,需要用数值方法对其进行离散求解。

将各模型所能反映的土体特性列于表 3-4 中,从上述各模型的特点来看, SANICLAY 结构性黏土本构模型反映的土体工程特性较全面,相比摩尔-库仑模型,土体硬化 HS 模型和 HSS 模型,SANICLAY 结构性黏土本构更接近土体的本质,计算效果更佳。

表 3-4    模型反映土体特性对比表

| 模型 | 弹性/塑性 | 剪切硬化 | 压缩硬化 | 剪胀性 | 小应变 | 屈服准则 |
|------|-----------|----------|----------|--------|--------|----------|
| 各向同性 | 弹性 | 是 | 否 | 否 | 否 | — |
| D-C | 弹性 | 是 | 否 | 否 | 否 | M-C |
| M-C | 理想弹塑性 | 是 | 否 | 是 | 否 | M-C |
| D-P | 弹塑性 | 是 | 否 | 是 | 否 | M-C |
| HS | 塑性 | 是 | 是 | 是 | 否 | M-C |
| HSS | 塑性 | 是 | 是 | 是 | 是 | MN |
| SANICLAY | 弹塑性 | 是 | 是 | 是 | 否 | — |

# 3.2    地基土应力路径数值模拟

为了更好地反映实际情况,本节对基坑原始固结土的开挖和回填进行模拟,此时要用到单元生死方法,即在建立模型时,将原始土层、沉管和垫层均建立起来,并对其进行单元组及材料参数定义;在计算开挖时,将沉管和垫层"杀死";回填过程,将开挖部分的土层"杀死"并相继"激活"垫层、沉管及回填土,以此模拟实际工况。初始应力状态为土体的自重应力。

本次模型模拟的仿真边界条件如下。

(1)模型的左、右侧边界土体离沉管较远,施工因素带来的应力-应变影响很小,不用考虑其水平向的位移,因此左右侧边界线施加水平方向位移约束。

(2)模型下部为强风化花岗岩,弹性模量较大,而且所在地层较深,对沉降影响很小,因此不计其竖向位移,计算的深度边界施加竖直方向位移约束。

## 3.2.1    模型建立及网格划分

模型中各部分的材料不同,如原始土层、沉管、回填土和垫层,因此将模型划分为不同的单元组,再针对每个单元组进行网格剖分。在模型的网格剖分过程中,为避免模型计算不收敛,采用先剖分线再剖分面,然后局部区域手工调整网格密度及形状的方法。其中,土层的网格密度大多在 1m 左右,沉管及其附近网格密度较小,可对分析隧管与地基间相互作用及基底应力分布提供详细数据。

图 3-12 为沉管隧道典型横断面模型网格示意图,数值计算完全模拟隧道施工步骤,即基坑开挖后进行碎石垫层铺设、沉管沉放、管侧回填、管顶回填和回淤。通过上述数值模拟初步计算后,可以得到土层中任意点在原始土层、开挖及回填三种不同工况下的应力值,进而确定出任意位置处的应力路径,并为室内 GDS 三轴试验提供具体的加载值和卸载值,即原始土层情况下的应力值为试验第一阶段加载值,开挖后计算出的应力值为试验卸载后对应的应力值,回填后计算出的应力值为再加载试验阶段所达到的应力值。

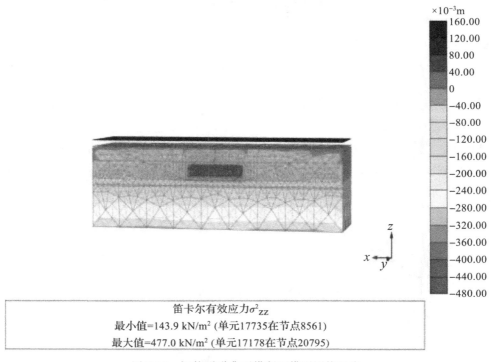

笛卡尔有效应力$\sigma'_{zz}$
最小值=143.9 kN/m² (单元17735在节点8561)
最大值=477.0 kN/m² (单元17178在节点20795)

图 3-12　沉管隧道典型横断面模型网格示意

### 3.2.2　仿真分析

图 3-13 为开挖后的相对位移云图,可以看出,开挖后土层出现一定的回弹现象,且回弹变形量随深度增加逐渐减小,与开挖面接触的土层回弹变形量最大,最大值为 0.069m(正号表示方向向上)。最底部土层基本没有回弹现象,横断面的

左、右两边界面处相对位移出现负值,即出现微小的再压缩现象。

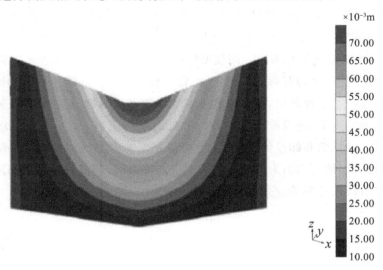

图 3-13  开挖后相对位移云图

图 3-14 为回填及回淤后的相对位移云图,从图中可以看出,相对位移均为负值(负号表示方向向下),即回填后底部土层出现回弹再压缩现象,再压缩量随土层深度逐渐减小,接近开挖面的土层的再压缩量最大,达到 0.063m,再压缩作用对接近开挖断面处的影响效果较明显,对于最底部土层及横断面两端边界处基本没有影响,其再压缩量接近于 0m。

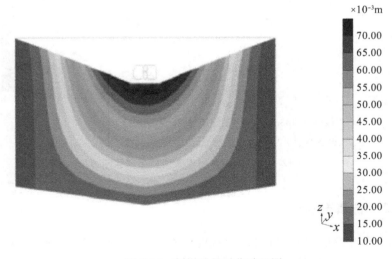

图 3-14  回淤后相对位移云图

从图 3-15 可以看出,开挖后,开挖基槽上的相对位移不等,大致呈拱形分布,中心处的回弹变形量最大,往开挖坡脚两边逐渐对称减小,开挖坡脚处的回弹量最小。B 断面开挖底部中心处回弹量与开挖坡脚处相差 0.0024m。

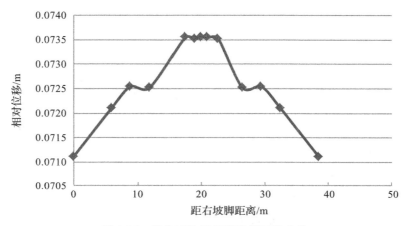

图 3-15　基坑开挖后基槽底部回弹曲线

从图 3-16 可以看出,回填回淤后,开挖基槽上的相对位移不等,中间低两端稍微高,再往两端逐渐降低,即中心处的再压缩变形量比两端 8m 处的再压缩量稍大,开挖坡脚处的再压缩量最大。B 断面最大再压缩变形量为 0.0663m。

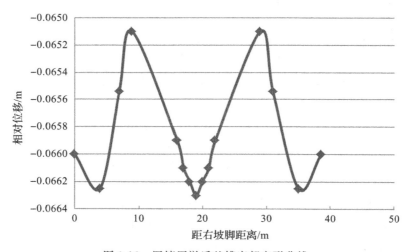

图 3-16　回填回淤后基槽底部变形曲线

从图 3-17 可以看出,开挖后基槽底面上各点的应力大小不同,土体相对受到向上的拉力作用,且中间部分的应力较大,土体的回弹变形量较大。

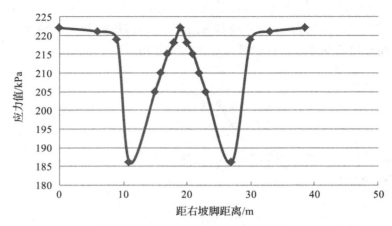

图 3-17　开挖后基槽底部应力曲线

从图 3-18 可以看出,回填回淤后,基槽底面上各点的应力均为负值,基底土体受到向下的压力,且中间部分的应力大小值比其他部分大。

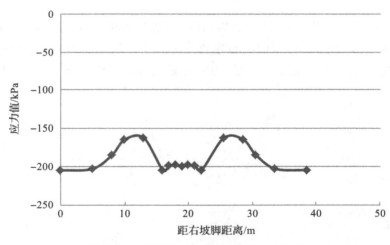

图 3-18　回填回淤后开挖基槽的应力曲线

根据回淤后开挖底面的位移曲线及回淤后开挖底面的应力曲线可知,沉管刚度很大,基本不会发生挠曲变形,基底各点的沉降几乎是相同的,且基底的附加应力较小,回淤后开挖底面的位移曲线及应力曲线分布均呈马鞍形。为了实现土体在开挖、隧管沉放、管顶回淤等不同工况条件下的应力路径模拟试验,我们从有限元数值仿真计算结果中得出不同深度土层在不同工况下的应力值,进而对土样进行 $K_0$ 固结试验、应力路径试验。

　　表 3-5 中为 B 断面在开挖前、开挖后及回填后,沉管中轴线不同地基深度处三个方向的应力值,根据表格数据及位移云图可以看出,随着深度的增加,各向应力值均相应增大,在初始固结及基坑开挖后阶段,竖向应力 Stress-33 沿深度的变化曲线较陡,回填回淤后由于附加应力的影响,曲线变化较缓,这是因为土体重力随深度的增加而增加,而附加应力却随着深度的增加而减少,两者的合力作用使竖向应力值随深度变化幅度降低。竖向力 Stress-33 与围压 Stress-11 和 Stress-22 的差值越来越大,由最初的 2 倍逐步增大到 3 倍或 4 倍,围压的增幅不大,尤其在回填回淤阶段,围压曲线接近水平。Stress-11 和 Stress-22 数值十分接近,符合室内 GDS 三轴试验条件。

**表 3-5　B 断面基槽底部中轴线不同地基深度不同工况三个方向应力值**

| 深度/m | 开挖前应力/kPa | | | 开挖后应力/kPa | | | 回填应力/kPa | | |
|---|---|---|---|---|---|---|---|---|---|
| | Stress-11 | Stress-22 | Stress-33 | Stress-11 | Stress-22 | Stress-33 | Stress-11 | Stress-22 | Stress-33 |
| 30 | −118 | −112 | −220 | −35 | −22 | −13 | −254 | 82 | −17 |
| 33 | −152 | −171 | −244 | −42 | −54 | −48 | −270 | −192 | −189 |
| 44 | −195 | −196 | −372 | −66 | −187 | −162 | −387 | −178 | −175 |
| 53 | −221 | −211 | −503 | −123 | −243 | −276 | −413 | −−190 | −193 |
| 68 | −244 | −236 | −587 | −189 | −215 | −316 | −576 | −200 | −208 |
| 80 | −287 | −276 | −689 | −209 | −213 | −497 | −712 | −220 | −229 |
| 93 | −298 | −290 | −835 | −254 | −248 | −664 | −889 | −237 | −248 |

　　将数值计算结果与土力学中土体自重应力计算方法和分层总和法所得结果进行对比分析,发现土体在初步固结完成后相应深度的应力值及后期沉管沉放、管顶回淤后的沉降值相差很小,说明对 B 断面建立的计算模型是合理、可取的。读取土层固结、基坑开挖、回填回淤各工况下不同深度土层应力值,为下一步三轴应力路径试验提供数据。

　　用与 B 断面同样的数值计算方法分别对 C 断面、D 断面、E 断面进行计算,得到各断面不同土层不同位置点的在不同施工过程中的应力。所得不同施工阶段下各土层应力值如表 3-6 和表 3-7 所示。

表 3-6  不同施工阶段下各土层应力值汇总表

| 土层 | 土性 | $K_0$固结/kPa | 卸载/kPa | | 回填/kPa | |
|---|---|---|---|---|---|---|
| | | 围压 | 平均主应力 $p$ | 剪应力 $q$ | 平均主应力 $p$ | 剪应力 $q$ |
| B 断面 | 黏土夹砂 | −240.92 | 29.96 | 23.45 | 172.04 | 90.81 |
| | 粗砂 | 273.65 | 55.01 | 22.32 | 180.31 | 124.51 |
| | 中砂 | −399.25 | 140.15 | 87.94 | 240.03 | 220.15 |
| | 黏土夹砂 | −229.91 | 25.72 | 20.65 | 161.77 | 79.62 |
| | 粗砂 | −269.36 | 51.68 | 21.21 | 173.72 | 109.24 |
| | 粗砂 | −404.35 | 138.94 | 83.44 | 240.83 | 211.10 |
| | 黏土夹砂 | −213.32 | 25.61 | 18.98 | 149.32 | 77.21 |
| | 粗砂 | −236.42 | 36.04 | 19.12 | 164.59 | 81.08 |
| | 中砂 | −399.04 | 142.81 | 94.07 | 239.89 | 223.23 |
| C 断面 | 黏土 | −270.49 | 29.75 | 22.98 | 251.81 | 128.91 |
| | 黏土 | −313.54 | 43.77 | 28.56 | 66.95 | 40.36 |
| | 黏土 | −316.93 | 29.61 | 21.56 | 239.70 | 105.91 |
| | 粗砂 | −339.59 | 66.95 | 40.36 | 244.79 | 243.08 |
| | 粗砂 | −473.84 | 159.07 | 85.81 | 311.2 | 286.86 |
| | 粗砂 | −343.51 | 56.56 | 40.22 | 211.56 | 166.83 |
| | 粗砂 | −477.05 | 151.89 | 74.23 | 302.92 | 238.96 |
| | 粗砂 | −327.57 | 72.98 | 35.53 | 236.63 | 226.18 |
| | 粗砂 | −378.20 | 106.18 | 51.12 | 263.59 | 254.46 |
| D 断面 | 中砂 | −336.13 | 61.29 | 66.72 | 206.57 | 142.42 |
| | 中砂 | −315.01 | 35.68 | 60.84 | 161.14 | 267.91 |
| | 粗砂 | −360.83 | 80.06 | 65.13 | 210.07 | 157.81 |
| | 粗砂 | −573.18 | 220.34 | 113.43 | 329.10 | 264.93 |
| | 粗砂 | −388.13 | 90.79 | 64.46 | 271.20 | 192.12 |
| | 粗砂 | −496.43 | 233.47 | 116.63 | 395.43 | 347.46 |

注:平均主应力 $p$=(主应力+围压)/3;剪应力 $q$=主应力−围压。

表 3-7　E 断面应力路径计算结果

| 土层 | 土性 | $K_0$ 固结/kPa 围压 | 卸载/kPa 平均主应力 $p$ | 剪应力 $q$ | 回填/kPa 平均主应力 $p$ | 剪应力 $q$ | 航道开挖/kPa 平均主应力 $p$ | 剪应力 $q$ |
|---|---|---|---|---|---|---|---|---|
| E 断面 | 粗砂 | −243.88 | 38.39 | 31.58 | 140.74 | 124.84 | 85.71 | 72.57 |
|  | 粗砂 | −243.19 | 29.71 | 28.06 | 131.04 | 91.73 | 81.15 | 42.58 |
|  | 粉细砂 | −274.80 | 60.80 | 21.23 | 172.30 | 109.36 | 116.43 | 67.07 |
|  | 粉细砂 | −275.28 | 51.07 | 18.80 | 163.25 | 85.36 | 108.10 | 47.24 |
|  | 砾砂 | −469.40 | 197.17 | 118.66 | 289.22 | 220.78 | 238.88 | 178.78 |
|  | 砾砂 | −457.18 | 181.40 | 94.54 | 277.20 | 200.03 | 226.63 | 157.52 |
|  | 中砂 | −455.96 | 200.16 | 118.21 | 291.22 | 209.02 | 239.79 | 170.11 |

　　对几个典型断面的应力路径数值进行模拟计算后,得到了不同深度的土体在初始固结、基坑开挖、沉管沉放施工完成、后期回淤及有部分段落有的航道开挖这几个工况中的应力大小,从而为应力路径试验提供必要的数据。对计算结果进行分析后,验证了此计算模型的可行性和合理性。利用数值计算可以得到地基土在不同阶段的应力值。应力随深度的不同,开挖阶段与施工后阶段平均主应力比值差别较大,在 2∼7 倍之间,不过以 2∼3 倍较多。平均主应力与广义剪应力均随着土层深度的增加而增大,平均主应力的增大幅度远大于广义剪应力。平均主应力 $p$ 多数大于广义剪应力 $q$,$p$、$q$ 间的差值受土层性质及土层深度影响很大,土层深度越小,$p$ 与 $q$ 的差值越小。

# 3.3　应力路径试验

## 3.3.1　试验仪器

　　试验仪器用英国 GDS 三轴仪,主要由压力室、加压系统和量测与采集系统三部分组成,如图3-19所示。压力室为 39.1mm Bishop&Wesley 应力路径室,最大轴力为 5kN,最大围压为 1700kPa;加压系统包括3MPa 压力和 200mL 体积控制器三套,分别用以提供围压、轴力和反压;量测系统包括内置水下荷重传感器、孔压传感器和线性位移传感器等各类传感器,数据采集系统包括数据采集板和转换器。

图 3-19　GDS 三轴仪

### 3.3.2　试验步骤

对于弹性材料,应力和应变是一一对应的关系,即一种应力对应一种应变,若将它们的关系绘制到应力-应变坐标系中,即为一直线段。也就是材料的变形取决于初始应力状态与最终应力状态,与应力应变的变化过程无关。但对于土这种特殊的弹塑性材料,同样的应力状态因加载、卸载、再加载等过程不同,所对应的应力、应变,即相应的土性会发生变化,因此研究土的性质,了解土的应力变化过程非常重要。

三轴试验可以模拟土的不同工况,进行不同应力路径试验。可向玻璃罩内注水对土样施加围压,可通过作用在土样上方的小玻璃柱体上的轴杆上下移动实现对土样的轴向压力控制。在三轴不排水试验中,我们还可以通过试样试验底部孔压传感器量测试样的孔隙水压力,先施加围压 $\sigma_c$,试样受力为各向等压受力状态,即 $\sigma_3 = \sigma_2 = \sigma_1$ 之后通过活塞施加轴向压力,则轴向会产生偏差应力 $\sigma_3$、$\sigma_1$,令 $\sigma_a = \sigma_1$,$\sigma_a$ 为总轴向应力,$\sigma_1$、$\sigma_2$、$\sigma_3$ 分别为大、中、小主应力。

本次试验用 GDS 三轴仪做不同应力路径试验,可以完全模拟地基土在天然固结(加载)、基坑开挖(卸载)、隧管沉放碎石回填(再加载)和航道开挖(再卸载)整个施工过程中所受应力的变化过程。本次三轴应力路径试验先对试样进行 $K_0$ 固结试验,固结完成后进入应力路径试验,模拟地基土整个受力过程。$K_0$ 固结试验即等比加载试验,在等比加载试验中,试样总处于加载压缩或卸载回弹两种状态。

基于之前数值计算的结果,分别提取出的典型断面中不同深度点对应于开挖、回填、再开挖的应力值,并绘制出相应的应力路径图。根据应力路径图进行模拟开挖卸载-回填再压缩-再开挖卸载的应力路径试验。根据应力路径试验结果,分别计算出沉管基槽底部各土层对应的压缩模量、回弹模量及再压缩模量,根据试验结果调整之前的有限元数值计算参数值,进行参数调整后的有限元计算,并将其结果与后期监测结果进行对比分析。

### 3.3.3　试验及数据

试样直径为 39.1mm,高度为 80.0mm,为保证试样与海底原始状态相似,通过已有的勘察资料确定干密度,所制土样由干密度控制。按照确定的干密度值配制一定含水量土料,分八层均匀地压入三瓣膜中,然后进行真空抽气饱和或用 GDS 三轴仪进行反压饱和,如图 3-20 所示。

通过计算机控制三轴试验的每个试验过程。先对试样进行 $K_0$ 固结试验,操作计算机选择 $K_0$ 固结模块,

图 3-20　真空抽气饱和

通过反压体积量测体积变化来控制 $K_0$ 固结，$K_0$ 固结的设定目标值为数值模拟计算的原始地应力状态下的应力值。$K_0$ 固结完成后选取应力路径试验模块，其计算机控制截面为图 3-21，对试样进行开挖卸载-回填再加载-航道开挖再卸载试验，根据先前对开挖、回填、再开挖的数值计算结果，分别设定完成各个阶段应力路径模块中对应的目标值，以此完成数值计算的应力路径模拟试验。

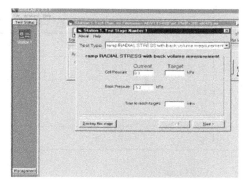

图 3-21　应力路径试验模块

对 B、C、D、E 断面不同深度的原位土进行应力路径模拟试验，得到土样应力路径曲线图及应力-应变曲线图，对应力-应变曲线图中最初固结阶段的曲线进行拟合，得到土体变形模量，再对开挖卸载段的曲线拟合，得到土体开挖卸载过程中的回弹模量，对施工过程即再加载阶段的曲线进行拟合，得到土体的再压缩模量。用此方法得到的各阶段变形模量可最大限度地接近现场原位土体的变形情况，从而为下一步的应力路径数值模拟计算提供有效的变量参数，准确计算土体变形量。

（1）B 断面

分别对位于不同土层中的试验点的应力-应变曲线进行线性拟合，得出不同阶段的模量，即不同土在不同工况情况下的模量，以此作为下一步数值计算的参数，进行应力路径数值模拟计算，并将该数值计算结果与后期监测数据结果进行对比分析。

图 3-22 为黏土夹砂三轴试验应力路径曲线图，每层土层对应的不同工况的模量值汇总于表 3-8。

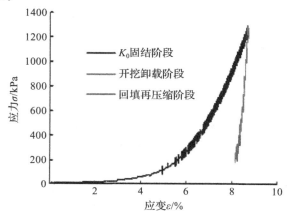

图 3-22　黏土夹砂三轴试验应力路径曲线

表 3-8    B 断面试验结果模量

| 土层 | 压缩模量（固结）/MPa | 回弹模量（开挖）/MPa | 再压缩模量（回填）/MPa |
|---|---|---|---|
| 黏土夹砂 | 22.12 | 111.56 | 46.89 |
| 粗砂 | 19.25 | 197.44 | 84.59 |
| 中砂 | 20.36 | 178.23 | 80.45 |
| 粗砂 | 22.23 | 214.35 | 82.41 |

（2）C 断面

粗砂层某点对应的应力路径和应力-应变曲线如图 3-23 所示。对于不同的土层，线性拟合这些点，得到不同阶段的模量，即可以代表不同土在不同工况情况下的模量，以此作为下一步数值计算的参数，进行数值计算，并将该数值计算结果与以前数值计算结果进行对比。

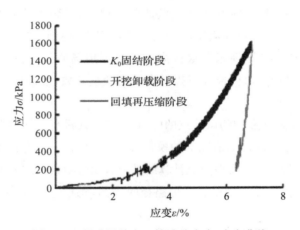

图 3-23    粗砂层某点三轴试验应力-应变曲线

基于 GDS 三轴应力路径试验结果数据，拟合不同点对应每个阶段的应力-应变曲线，得到相应土层的各模量参数值，如表 3-9，以此调整数值计算模型参数，重新进行数值计算。

表 3-9    C 断面试验结果模量

| 土层 | 压缩模量（固结）/MPa | 回弹模量（开挖）/MPa | 再压缩模量（回填）/MPa |
|---|---|---|---|
| 黏土层 | 23.70 | 159.96 | 84.98 |
| 粗砂 | 28.44 | 246.00 | 172.00 |

（3）D 断面

粗砂对应的应力路径和应力-应变曲线如图 3-24 所示。将不同深度处的各点进行线性拟合,得到不同阶段的模量,即可以代表不同土在不同工况情况下的模量,以此作为下一步数值计算的参数。进行数值计算,并将该数值计算结果与以前的数值计算结果进行对比。拟合不同点对应每个阶段的应力应变曲线,将每层土层对应的不同工况的模量值汇总于表 3-10。

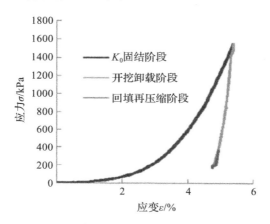

图 3-24　粗砂层某点三轴试验应力-应变结果

表 3-10　D 断面试验结果模量

| 土层 | 压缩模量(固结)/MPa | 回弹模量(开挖)/MPa | 再压缩模量(回填)/MPa |
|---|---|---|---|
| 中砂 | 38.32 | 198.05 | 77.42 |
| 粗砂 | 40.08 | 236.63 | 80.71 |

（4）E 断面

E 断面施工完成一段时间后会有深为 15m 的航道开挖,对地基进行再卸载,即地基在航道开挖后会再次发生回弹现象,如果回弹量过大,则对隧道地基影响较大。从第 2 章的地基土体应力路径数值模拟结算结果表中查询 E 断面不同深度土层对应于每个工况阶段的应力值,再根据这些数值进行 GDS 应力路径三轴试验。根据 GDS 三轴试验采集数据结果,绘制出试验对应的应力路径图及应力-应变图,用线性拟合每个点对应的不同试验阶段的应力-应变曲线,即可得出对应于固结、开挖、回填和再开挖各个阶段的压缩模量、回弹模量、再压缩模量和回弹模量值,由此指导并调整下一步的数值计算参数。

不同深度处粉细砂层某点对应的应力路径和应力-应变曲线如图 3-25 所示,

线性拟合这些点,得到粉细砂不同阶段的模量,即可以代表不同土在不同工况情况下的模量,以此作为下一步数值计算的参数。进行数值计算,并将该数值计算结果与以前数值计算结果进行对比。拟合不同土层不同点对应每个阶段的应力-应变曲线,将每个土层对应的不同工况的模量值汇总于表 3-11。

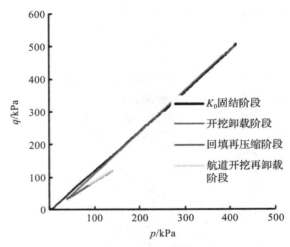

图 3-25　粉细砂层某点三轴试验应力路径

**表 3-11　E 断面试验结果模量**

| 土层 | 压缩模量(固结) /MPa | 回弹模量(开挖) /MPa | 再压缩模量 /MPa | 再回弹模量 /MPa |
|---|---|---|---|---|
| 粗砂 | 12.17 | 171.42 | 101.24 | 136.27 |
| 粉细砂 | 25.53 | 145.69 | 97.73 | 108.13 |
| 中砂层 | 30.80 | 187.96 | 82.75 | 124.78 |
| 砾砂层 | 34.48 | 213.46 | 98.85 | 118.22 |

基于以上 GDS 三轴应力路径试验结果数据,在进行数值模拟计算时,初始土体固结采用变形模量值,基坑开挖阶段采用第一次的回弹模量值,施工过程采用再压缩模量,后期航道开挖采用后期再卸载所得回弹模量值。

# 3.4　断面模拟

土体变形过程非常复杂,它的应力-应变曲线并不是一个简单的线性变形,而是随着土体受力发生变化。港珠澳海底沉管隧道施工时要先对基坑进行开挖,使地基土体卸载,然后对地基土体进行再次加载,以及部分区段后期进行航道开挖,再次对地基土体进行卸载。随着对地基土体进行卸载、后期加载和再卸载,地基土体的变形模量也在不断发生变化,因此只有确定模量的具体值,才能准确计算地基土体的变形量,指导后期工程施工以及为以后类似地质条件的工程提供参考。

压缩模量试验是在土体完全侧向受限的条件下进行的,因此试验得到的压缩性规律和指标理论上只适用于刚性侧限条件下的沉降。现行规范中,压缩模量一般用于分层总和法、应力面积法中的地基最终沉降计算。弹性模量常用于弹性理论公式估算建筑物的初始瞬时沉降。

压缩模量的应变为总的应变,既包括可恢复的弹性应变,又包括不可恢复的塑性应变,而弹性模量的应变只包含弹性应变。在一般工程中,土的弹性模量就是指土体开始变形阶段的模量,因为土发生弹性变形的时间非常短,在弹性阶段的变形模量等于弹性模量,因此变形模量更符合土体的实际情况。常规三轴试验得到的弹性模量是轴向应力与轴向应变曲线中开始的直线段,即弹性阶段的斜率。这些模量各有适用范围,本质上是为了在试验室或者现场再现实际工况而获取的值。

本节通过 GDS 三轴仪对 B、C、D、E 断面不同深度原位土进行应力路径模拟试验,得到土体开挖卸载过程中的回弹模量、土体的再压缩模量,为下一步的应力路径数值模拟计算提供有效变量参数,从而准确计算土体变形量。数值计算 B、C、D 断面的完全模拟隧道施工步骤,即基坑开挖后进行碎石垫层铺设、沉管沉放、管侧回填、管顶回填和回淤整个施工过程;分析 E 断面时模拟航道开挖沉管隧道地基再回弹的工况。

## 3.4.1　B 断面模拟

基于表 3-12 的 GDS 三轴应力路径试验结果数据,调整数值计算模型参数,再进行数值计算,B 断面的数值计算结果如下。

B 断面中线处开挖后的位移云图如图 3-26 所示。从图中可以看出,开挖后,沉管底部土层竖直方向的位移均为正值,即土层整体出现回弹,最大回弹量为0.076m,最大回弹量出现在基底,随土层深度加深,回弹量逐渐减小,土层最底部基本没有回弹位移。

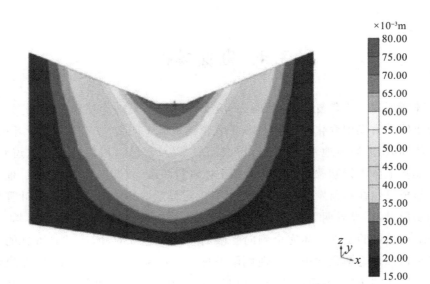

图 3-26　B 断面中线处开挖后位移云图

　　放置沉管且上部淤泥回淤后,相对于开挖回弹的相对位移云图如图 3-27 所示,从图中可以看出,回填回淤后,沉管底部土层竖直方向的位移均为负值,即土层整体又产生再压缩现象,最大再压缩量为 0.093m,最大再压缩量仍然出现在基槽表面,且随土层深度加深,再压缩量逐渐减小,再压缩范围对最底部土层影响最小。

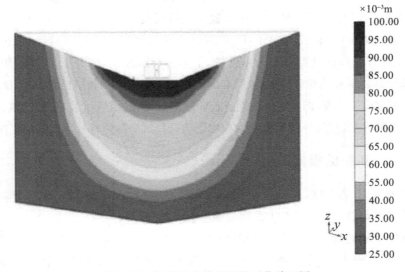

图 3-27　B 断面中线处回淤后位移云图

从计算结果图可以看出,基底可弹量最大,地基回弹量主要发生在接近基底的地方,深度在 1 倍基坑宽度以内,土体回弹量占地基总回弹量的 60％,地基回弹量随着深度的增加逐渐减小,且中心点处回弹量大于边缘回弹量的情况越来越不明显。基底再压缩量最大,且基底边缘沉管侧墙下变形量最大,这是沉管侧边回填土的固结对沉管侧墙的向下拉拽作用力导致的。地基再压缩量同样随着深度的增加逐渐减小,再压缩不均量随着深度加大逐渐消失。开挖沟槽被淤泥回淤后,土体由于附加应力引起的再压缩变形大于土体回弹量。

### 3.4.2　C 断面模拟

基于 GDS 三轴应力路径试验的结果见表 3-13,调整数值计算模型参数后再进行数值计算。

图 3-28 为开挖后相对于原固结土层的相对位移云图,可以看出土层整体出现回弹,最大回弹量为 0.045m,因卸载对地基产生的“拉应力”作用随深度逐渐减少,土中最大回弹量出现在基槽表面,随土层深度加深,回弹量逐渐减小,土层最底部基本没有回弹位移,断面两边没有回弹现象,反倒出现了再压缩现象。

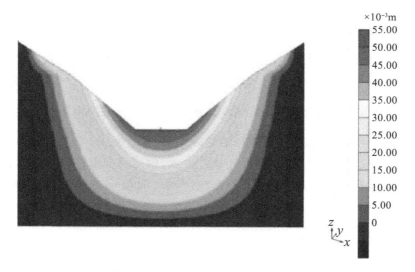

图 3-28　C 断面中线处开挖后位移云图

图 3-29 为回填回淤后,地基受荷后的沉降云图,可以看出土层整体又产生了再压缩现象,最大再压缩量为 0.065m,最大再压缩量出现在基坑边缘处,且随土层深度加深,再压缩量逐渐减小。

从计算结果图可以看出,基底回弹变形中间大两边小,这是由于基坑的空间效应

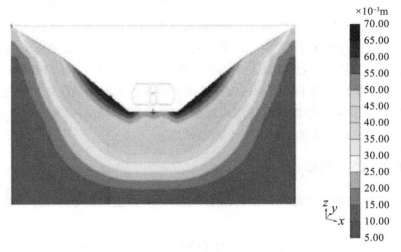

图 3-29　C 断面中线处回淤后位移云图

对基坑边缘的影响较大,不过基底中心点与基底边缘回弹量相差不大,边缘处与中心点的回弹量相差仅 4mm。基底中心点下与基底边缘下回弹量沿深度分布规律接近,数值相差不大。由曲线可以看出,回弹量值随着地基深度的增加而减小,回弹量在基底附近变化较快,接近线性规律分布,基底表面有 3.6m 厚黏土层,回弹量较砂土大,其下地基土均为粗砂,回弹量小,土层较单一,回弹率不会发生较大变化。

　　施工完成,基槽回填回淤后,基底土体再压缩变形成马鞍形,基底最大压缩量为 0.065m,再压缩量随着地基深度的增加逐渐减小,在基底深度为 $\frac{1}{2}$ 基坑宽度(基坑宽 40m)范围内,再压缩量占整体压缩量的 66%,距基底 4m 深度范围内,地基土体再压缩量随深度的变化较大,黏性土压缩性大,固结过程缓慢,完成固结所需时间较长,下面的粗砂层压缩性小,固结稳定所需时间很短,压缩量变化率较黏土层小。

### 3.4.3　D 断面模拟

　　开挖后相对于原固结土层的相对位移云图如图 3-30 所示,可以看出开挖后沉管底部土层竖直方向的位移均为正值,土层整体出现回弹,最大回弹量为 0.046m,与参数调整前的位移云图相比可知,参数调整后回弹量有减小现象。土中最大回弹量出现在基槽表面,且随土层深度加深回弹量逐渐减小,土层最底部基本没有回弹位移。

　　回填回淤后相对于开挖回弹的相对位移云图如图 3-31 所示,可以看出回填回

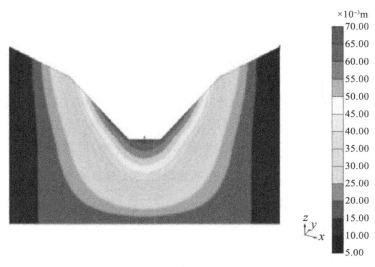

图 3-30　开挖后回弹位移云图

淤后沉管底部土层竖直方向的位移大多为负值,即产生了再压缩现象,最大再压缩量为 0.033m,最大再压缩量出现在开挖坡面,基坑平面内两侧边处沉降量较大,这是由于基坑坡度较大,回填土固结沉降且因自重作用沿坡面有相对下滑趋势,坡面土体产生阻止其下滑的摩阻力,回填土对坡面土体产生沿坡面向下的反作用力,使坡面位移加大。随地基土层深度加深,再压缩量逐渐减小,断面两边界位移为正值,再压缩范围对最底部土层影响最小。与试验前计算结果比较,参数调整后,计算得到的各个阶段对应的回弹、再压缩位移均比参数调整前小。

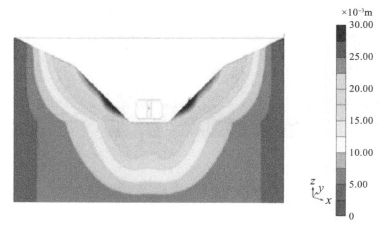

图 3-31　回淤后再压缩位移云图

开挖后基底中心点回弹量最大,为 0.046m,基底中心点与基底边缘回弹量相差不大。基底中心点下与基底边缘下回弹量沿深度分布的规律稍有差别,因地基土层并不是均匀分布,最上面的中砂层沿基坑中轴线处向两侧厚度逐渐增加,即沉管边缘下中砂层厚度大于基底中心点下中砂层厚度。

施工完成,基槽回填回淤后,基底土体再压缩变形成马鞍形,基底最大压缩量为 0.033m。由再压缩量沿深度分布可知,基底中心点下与基底边缘下再压缩量沿深度分布规律相似,因土层厚度不均,曲线分布有所不同,但数值相差不大。再压缩量随着地基深度的增加逐渐减小,在基底深度为 $\frac{1}{2}$ 基坑宽度(基坑宽 40m)范围内,再压缩量占整体压缩量的 56%。

### 3.4.4 E 断面模拟

开挖后相对于原固结土层的相对位移云图如图 3-32 所示,可以看出开挖后沉管底部土层竖直方向的位移均为正值,即土层整体出现回弹,最大回弹量为 0.045m,最大回弹量出现在基槽表面,且随着土层深度加深,回弹量逐渐减小,土层最底部基本没有回弹位移。

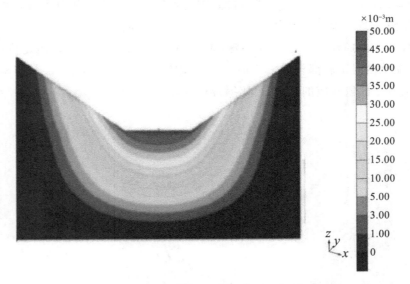

图 3-32 开挖后相对于原固结土层的相对位移云图

回填回淤后相对于开挖回弹的相对位移云图如图 3-33 所示,可以看出开填回淤后沉管底部土层竖直方向的位移均为负值,即土层整体又产生再压缩现象,最大再压缩量为 0.049m,最大再压缩量仍然出现在基槽表面,且随土层深度加深,再压缩量逐渐减小,再压缩范围对最底部土层影响最小。

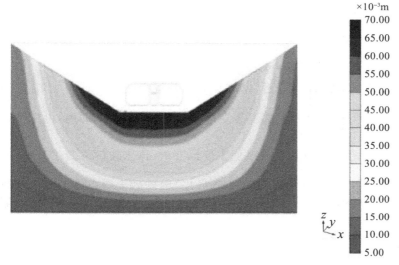

图 3-33　回填回於后位移云图

航道开挖再卸载后,相对于回填后的相对位移云图如图 3-34 所示,可以看出航道开挖后,沉管底部土层位移方向为竖直向上,即土层整体产生了再回弹现象,最大再回弹量为 0.021m,且随土层深度加深,再回弹量逐渐减小。

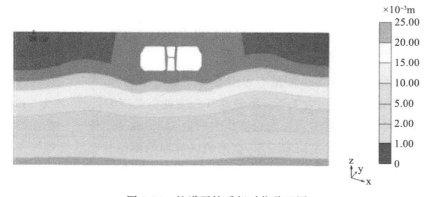

图 3-34　航道开挖后相对位移云图

与试验前计算结果比较,参数调整后,计算得到的各阶段对应的回弹、再压缩位移均比参数调整前大,特别是两个开挖过程对应的回弹位移量,比之前计算结果明显偏大。

基底回弹变形成倒扣的锅底形,这是由于基坑的空间效应对基坑边缘的影响较大,不过基底中心点与基底边缘回弹量相差不大,边缘处与中心点的回弹量相差 1mm。回弹量值随着地基深度的增加而减小,在距基底约 20m 处,回弹量变化幅度变缓。从工程地质图可以看出,靠近基底约 20m 的厚土层以粉细砂为主,其下为砾砂层,回弹幅度有较大转折,另因随着深度的增加,开挖卸载对基底产生的相当于拉应力的值在逐渐减小,故回弹量逐渐减少,直至为 0。

施工完成,基槽回填回淤后,基底最大压缩量为 0.049m。再压缩量随着地基深度的增加逐渐减小,在基底深度为 $\frac{1}{2}$ 基坑宽度(基坑宽 40m)内,再压缩量占整体压缩量的 56%,为基底深度为 $\frac{1}{2}$ 基底宽度以下时,再压缩量值变化渐缓,因为此范围内多为粉细砂层,其下约有 20m 为砾砂层,因砾砂土层在施工完成初期沉降已基本完成,且再压缩变形不大,故本断面主要的工后沉降是由粉细砂再压缩变形引起的。

航道开挖后基底最大回弹量为 0.021m,基底回弹量差别很小,平均回弹量也为 0.021m。本次回弹规律与基坑开挖时地基土体回弹规律接近,只是回弹量减小。本次卸载量约为基坑开挖时卸载量的 30%,回弹量却为初次回弹的 50%,因施工完成后,地基土体固结程度还未达到原始状态土体固结程度,故再卸载后回弹比率大于初次卸载回弹比率。

# 3.5　典型断面对比分析

除 D 断面外,地基再压缩量均大于基坑开挖回填量,见表 3-14。因为淤泥回淤后,沉管对地基的作用力大于开挖前地基深度处所受应力,差值约为 100kPa,即地基以下土体受到了大于其先期固结压力的应力,使地基土体在开挖回弹后随着所受压力的增大逐渐发生压缩变形,变形值恢复原始固结状态后又继续发生压缩变形。

表 3-14　各断面基底回弹量、再压缩量值

| 横断面 | B 断面 | C 断面 | D 断面 | E 断面 |
|---|---|---|---|---|
| 基底回弹量/m | 0.076 | 0.043 | 0.044 | 0.041 |
| 基底再压缩量/m | 0.093 | 0.065 | 0.033 | 0.048 |
| 再压缩量与回弹量比值 | 1.22 | 1.51 | 0.72 | 1.51 |

从几个典型断面回弹与再压缩量的对比分析可以看出,土层厚度越大,相应的回弹量与再压缩量越大,对比 C、D 断面发现,D 断面沉管上的荷载较小,且黏土层对基坑回填后再压缩量影响较大,导致 C 断面地基沉降量约为 D 断面的 2 倍。E 断面有较厚的粉细砂层,沉降量略大于 D 断面。从路径试验结果可以看出,粉细砂层的再压缩模量比砾砂层的再压缩模量小,在受到同等应力情况下,粉细砂层变形较大。

为更好地输出海底沉管隧道在施工过程中地基的变形特性,现选取各开挖断面基槽中线下表层地基土在不同施工工况下的回弹与再压缩数值,并拟合曲线,如图 3-35 所示。图中各点代表施工过程中的基坑开挖、碎石垫层铺设、沉管安放、管侧回填、管顶回填等施工过程,由图可知,本次计算的断面均符合地基产生再压缩,地基回弹变形向上时为负值,地基压缩变形向下时为正值。随着施工期地基上荷载的不断加大,沉管隧道地基再压缩量不断增大,随着时间的不断增加,地基沉降量有逐渐趋于平稳的趋势。

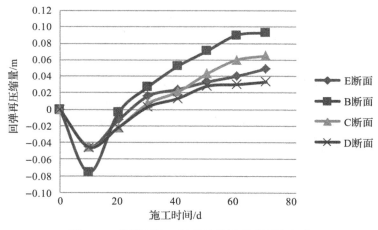

图 3-35 各断面施工过程地基回弹再压缩变形

根据表 3-14 以及图 3-35 可知,各断面基底回弹变形沿宽度方向呈倒扣的锅底形,基坑中心处回弹变形量最大,越靠近边缘回弹量越小,但并不接近于 0,一般比中心点值少约 10%。施工完成后,基底再加载量接近开挖卸载量,此时再压缩量约为回弹量的 1.1 倍,开挖沟槽被淤泥回淤后,土体由于附加应力引起的再压缩变形大于土体回弹量,再压缩量值为回弹量的 1.17~1.60 倍。

基坑开挖后粗砾土回弹量率最大,中砂次之,黏土(黏土夹砂)最小。随着基坑深度的增加,基底回弹量减少,倒扣的锅底形分布越不明显,即中心点下回弹量大的趋势减弱,回弹变形的影响深度约为基底宽度的 1 倍。

随着地基深度的增加,土体再压缩量逐渐减小,基底边缘再压缩量大于中心点再压缩量。这是因为沉管两侧的回填碎石本身固结沉降,且在重力作用下,回填土沿开挖坡面有下滑趋势,对沉管侧墙有向下的拉应力,进而导致基坑边缘的沉降较大。随着地基深度的增加,基底不均匀应力分散,沿宽度方向的不均匀沉降逐渐减少,甚至消失。

# 3.6　数值计算与监测数据对比分析

## 3.6.1　B 断面

通过有限元仿真对典型横断面(B 断面)进行固结-开挖-回填整个施工过程的模拟,B 断面横断面为深槽段,其沿中轴线附近两侧平均分布。接近开挖基槽底面不均匀地分布一定厚度的黏土及黏土夹砂,最深处位于中轴线上,达到了 4m 且向两侧延伸逐渐减薄。黏土以下土层以中砂、粗砂为主。

施工完成后,B 断面沉管底部各点竖向应变曲线如图 3-36 所示。由图可知,数值仿真结果曲线与实地监测数据曲线基本相似,实地监测值整体比仿真值小。施工完成后,在上覆水及回填土作用下,沉管模型的竖向应变曲线呈马鞍形。沉管两侧及中隔墙部分的应变值为负值,表示该部分应变方向向下;而沉管行车段的应变值为正值,表示该部分应变方向向上,为受拉状态。

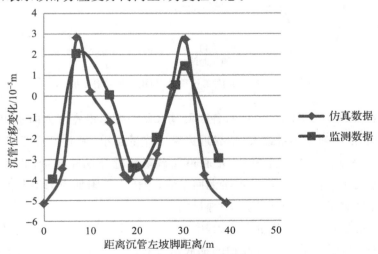

图 3-36　施工完成后 B 断面沉管底部各点竖向应变曲线

B 断面施工回填完成 2 年后,基槽底部再压缩量随时间变化的曲线如图 3-37 所示,可以看出,施工完成后,基底再压缩量变化较小,再压缩主要在加载过程中完成,达到稳定转速后沉降量随时间呈衰减型增长,沉降逐渐增大后基本趋于平缓。完工 3 年后,再压缩量最大为 0.0457m。

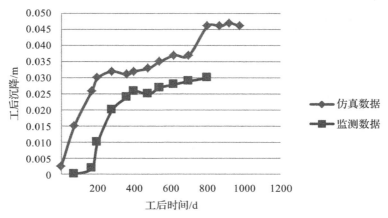

图 3-37  B 断面施工 2 年后基槽底部再压缩量随时间变化曲线

## 3.6.2  C 断面

对典型横断面 C 断面分别进行模拟固结-开挖-回填整个施工过程的仿真分析,C 断面的地基横断面含有较厚的软弱层,因此该断面的开挖深度比其他断面开挖深度大,基底顶部有 3.65m 厚的黏土层。黏土层下分别为粗砂、砾砂层。

由各施工阶段完成后的地基沉降变化值可以得到,C 断面开挖后基底回弹位移为 4.07cm,回填后再压缩作用下的再压缩量为 5.12cm,均比数值计算的结果平均值稍偏小,在数值有限元计算结果范围内,该断面开挖回弹量及回填再压缩量比 B 断面的均偏小,究其原因,该断面开挖深度大,回填后,基底上部荷载作用大,故该断面的回填再压缩量比开挖回弹量偏大。

C 断面施工回填完成 2 年后,基槽底部再压缩量随时间变化的曲线如图 3-38 所示,可以看出,施工完成后,基底再压缩量变化较小,再压缩主要在加载过程中完成,达到稳定转速后,沉降量随时间呈衰减型增长,沉降逐渐增大,后基本趋于平缓。完工 3 年后,再压缩量最大为 0.0512m。从图中可知,此断面工后沉降量所占最终沉降量比值较 B 断面大,C 断面黏土层所占比重比 B 断面大,而工后沉降主要由黏土层后期固结沉降引起。

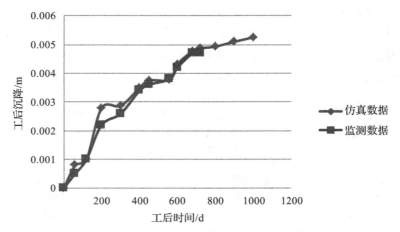

图 3-38　C 断面施工 2 年后基槽底部再压缩量随时间变化曲线

### 3.6.3　D 断面

对典型横断面 D 断面分别进行模拟固结-开挖-回填整个施工过程的仿真分析,D 断面的地基横断一共分为两层,第一层为中砂,土层平均厚度为 2.7m;第二层为粗砂,土层平均厚度为 34.1m。

回填回淤泥后,从开挖回弹的相对位移云图中可以看出,开填回淤后沉管底部土层竖直方向的位移大多为负值,即产生了再压缩现象,最大再压缩量为 0.033m,最大再压缩量出现在开挖坡面,基坑平面内两侧边处沉降量较大,开挖后基底中心点回弹量最大为 0.046m,基底中心点与基底边缘回弹量相差不大。施工完成且基槽回填回淤后,基底土体再压缩变形成马鞍形,基底最大压缩为 0.033m。

施工完成回填后,D 断面沉管底部各点竖向应变曲线如图 3-39 所示。由图可知,两种情况下对应的数值仿真结果曲线与监测数据曲线性质基本相似,监测数据曲线在仿真数据曲线的下方。施工完成后,在沉管上覆水及回填土作用下,沉管模型的竖向应变曲线呈马鞍形分布,沉管应变稳定后,其应变量随时间增长基本无变化。完工 3 年后,再压缩量最大为 0.0032m。

### 3.6.4　E 断面

对典型横断面 E 断面进行固结-开挖-回填-回淤整个施工过程的模拟,E 断面地基层中不含黏土层,从基槽底顶部向下依次为中细砂、粗砂、中砂和砾砂。但 E 断面与其他断面的不同之处在于,E 断面完成回填后有航道开挖这一工序,这使原来作用于基底的外荷发生了再卸载。

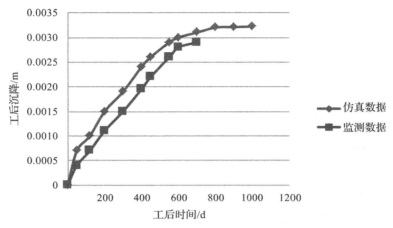

图 3-39　D 断面施工 2 年后基槽底部再压缩量随时间变化曲线

施工完成回填后,E 断面沉管底部各点竖向应变曲线如图 3-40 所示。由图可知,两种情况下对应的仿真数据曲线与监测数据曲线线性基本相似,监测数据曲线在仿真数据曲线下方。施工完成后,在上覆水及回填土作用下,沉管模型的竖向应变曲线均呈马鞍形,沉管两侧边及中隔墙部分应变值为负,变形向下,沉管应变稳定后,其应变量随时间增长基本无变化。

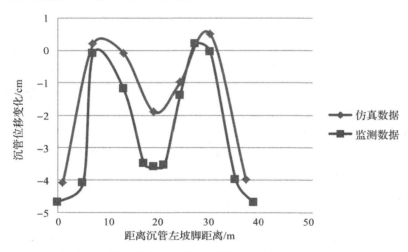

图 3-40　施工完成后 E 断面沉管底部各点竖向应变曲线

施工回填完成 1000 天后,基槽底部位移沉降随时间变化曲线如图 3-41 所示,可以看出,施工完成后,基底再压缩量变化较小,再压缩主要在加载过程中完成,达到稳定转速后,沉降量在前期有较小增加,之后基本趋于平缓。完工 1000 天后,工后沉降量最大为 0.0035m。可见 E 断面的工后沉降量最小,这源于 E 断面具有良好的天然地基层。

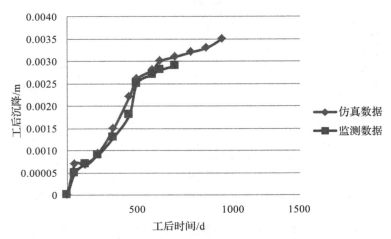

图 3-41　E 断面施工 2 年后基槽底部再压缩量随时间变化曲线

## 3.7　本章小结

(1)实现了等向、机动及旋转硬化三者耦合下的结构性软黏土本构模型的开发。基于描述土体各向异性和结构性的 SANICLAY 三维本构模型,采用子增量步显式算法,推导了该本构模型的数值实现格式。基于不同应力路径条件下的静三轴试验结果,确定了模型在描述结构性损伤上的准确性和高效性,并对不同应力路径下的塑性势面和屈服面的演化规律进行了分析。

(2)回弹模量和压缩模量有一定的相关性,土体弹性模量一般可取为压缩模量的 3～5 倍,数值分析时可以适当加大一些。但弹性模量和压缩模量的关系是基于线弹性假定得到的,而土体并不是完全弹性体;在比较同种材料的回弹模量和弹性模量时,也需注意不同的应力状态对各自性质的影响。

(3)根据本章研究分析可知,应力路径试验可以很好地反映在不同应力条件下土体的压缩模量与弹性模量的变化情况,并可根据试验结果推算各自模量的取值;对比试验结果与估算结果可知,取压缩模量的 3～5 倍为土体弹性模量的取值时,将会造成巨大的计算误差,推荐进行室内应力路径试验或者现场原位试验进行模量的取值。

(4)数值模拟计算所得地基变形量曲线分布规律和应力曲线分布规律均与监

测数据所得规律极为相似,且数值非常接近,数值计算结果要比监测结果大。取压缩模量的 3～5 倍为土体弹性模量进行有限元计算时,将会造成巨大的计算误差,推荐进行室内应力路径试验或者现场原位试验进行模量的取值。

(5)除深槽段 B 断面基底回弹量为 7.04cm,再压缩量为 6.45cm 外,其他断面的回弹量均接近于 4.3cm,再压缩量均小于 9cm。

(6)对于只含有中砂、粗砂等砂类土的地基,因砂土的压缩性小,渗透性大,其再压缩沉降所需的时间很短,施工完成时再压缩固结沉降基本已经完成。但含有黏土层的地基,黏土本身的结构性及较小的渗透性,导致黏土地基完全固结所需时间较长,施工完成后的一定时期内还存在一定的后期沉降。

(7)沉管侧壁及内隔墙竖向传力的作用,导致其下地基受力较大,地基沉降变形大于通车道处,但从数值沉降与监测结果来看,沉管横断面差异沉降不大,沉降差均小于 4mm,小于沉管接头处预留变形量,不需考虑特殊处理。

# 第4章
## 挤密砂桩复合软土地基承载力特性研究

## 4.1 试验材料及装置

### 4.1.1 试验材料

模型试验的天然地基土可分为软土层和嵌固层两层,厚度分别为 200mm 和 150mm。软土层和嵌固层分别由不同压实度的淤泥土制作而成,压实度分别为 0.75 和 0.85。软土层的重度为 17.2kN/m³,不排水抗剪强度为 5kPa,摩擦角为 0°;嵌固层的重度为 19.4kN/m³,不排水抗剪强度为 20kPa,土体强度相对较大,可模拟实际地层中的嵌固层。对天然地基土进行挤密砂桩加固后可形成复合地基,包括天然地基土复合地基、挤密砂桩复合地基和砂垫层复合地基,挤密砂桩复合地基模型如图 4-1 所示。

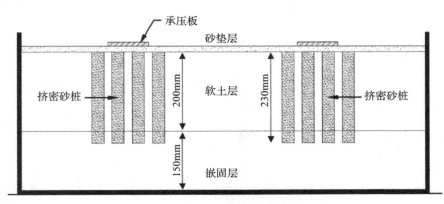

图 4-1 挤密砂桩复合地基模型

本章研究的试验用土取自深圳滨海,土体类型为淤泥质土,土体呈黑褐色,含水量较高。根据《土工试验方法标准》(GB/T 50123—2019)规范对试验用土的基本特性测定进行相关试验,淤泥软土的基本特性和力学特性分别如表 4-1 和表 4-2 所示。试验用土的颗粒筛分曲线如图 4-2 所示,由图可得土体的不均匀系数($C_u$)为 13.27,曲率系数($C_c$)为 0.46,其中土颗粒粒径小于 0.2mm 的土质量百分数高达 98%。

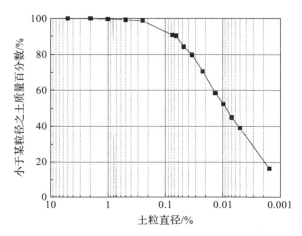

图 4-2　淤泥软土颗粒筛分曲线

**表 4-1　试验淤泥土体基本特性**

| 土体类型 | 含水量/% | 密度/(g/cm³) | 初始孔隙比 | 塑限/% | 液限/% | 塑性指数/% | 比重 |
|---|---|---|---|---|---|---|---|
| 淤泥 | 54.6 | 1.66 | 1.51 | 27.3 | 58.7 | 31.4 | 2.70 |

**表 4-2　试验淤泥土体力学特性**

| 土体类型 | 最大干密度/(g/cm³) | 最优含水率/% | 压缩系数/($a_{1-2}$/MPa⁻¹) | 压缩模量/($E_{s1-2}$/MPa) | 压缩指数/$C_c$ |
|---|---|---|---|---|---|
| 淤泥 | 1.48 | 26.5 | 1.01 | 1.79 | 0.34 |

本章采用的试验用砂取自深圳某河道,根据模型尺寸效应的相关研究,将试验用砂过孔径为 1mm 的筛,取最大粒径不大于 1mm 的砂子为试验用砂。经过筛分后的试验用砂的各项基本特性参数如表 4-3 所示。图 4-3 描述了砂土的颗粒筛分曲线,从图中可得土体的不均匀系数($C_u$)为 2.10,曲率系数($C_c$)为 0.87,是级配不良好的中砂。

**表 4-3　试验用砂的基本物理参数**

| 土体 | 比重 | 最大干密度/(g/cm³) | 最小干密度/(g/cm³) | 内摩擦角/° | 压缩模量/MPa |
|---|---|---|---|---|---|
| 砂土 | 2.54 | 1.86 | 1.53 | 35 | 24.2 |

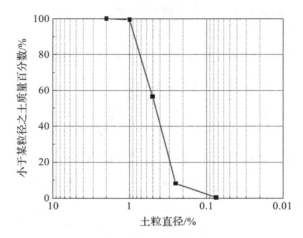

图 4-3　试验用砂的颗粒筛分曲线

### 4.1.2　模型试验装置

模型试验装置主要由模型箱、成桩装置、测量系统和加载系统组成。

模型试验采用的模型箱由不锈钢板制作而成,箱体内部尺寸长为1000mm,宽为300mm,高为400mm,其中前壁为有机玻璃面,壁厚为20mm,其余为钢板面,壁厚为10mm,如图4-4所示。为了防止试验过程中模型箱有机玻璃在侧向土压力作用下产生变形,在有机玻璃面四侧均加设钢条焊牢,保证前壁不发生变形。在模型箱内部涂上凡士林,以减小土体与模型箱边壁的摩擦。

图 4-4　模型箱正视图与俯视图

本章设计了一套可模拟实际成桩施工工艺且适用于模型试验的装置,本装置由导轨、管夹、套管、落锤和锥形锤组成,可较好地控制挤密砂桩的垂直度以及成桩质量。导轨1和导轨2的位置与模型箱齐平,长度与模型箱边长相适应,用于固定导轨3;导轨3长度比模型箱短边长约100mm,用于固定管夹和确定成桩的位置;

管夹通过 T 形螺栓固定在导轨 3 上,用于控制套管和锥形锤,并精确定位砂桩的成桩位置;锁梢用于固定套管和锥形锤,并将套管和锥形锤压入土样中,形成孔洞,模拟真实的成桩过程;落锤用于挤密振实砂桩,形成具有一定密实度的砂桩。具体成桩设备详细数据如表 4-4 和图 4-5 所示。

表 4-4　成桩装置尺寸参数

| 设备 | 尺寸 | 备注 |
|---|---|---|
| 导轨 | 长 1000mm 或 400mm | 安装于模型箱两侧 |
| 套管 | 长 40mm,直径 30mm | 壁厚为 1mm,内径为 28mm |
| 落锤 | 长 50mm,直径 28mm | 质量为 0.25kg |
| 锥形锤 | 长 50mm,直径 28mm | 端头为 20mm 高的锥体 |
| 锁梢 | 长 25mm,直径 10mm | 锁住锥形锤和套管 |

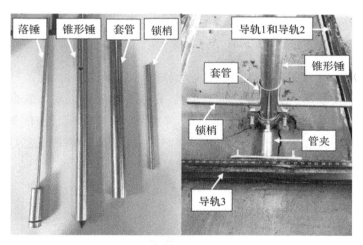

图 4-5　成桩装置实物

采用土压力盒测定桩顶的应力和桩间土的应力,以揭示桩土应力比的变化规律。土压力盒型号为 DMTY 型土压力盒,量程为 200kPa,精度为满量程的 0.5%,即 1kPa。土压力盒的规格型号详见表 4-5,土压力盒实物如图 4-6 所示。土压力盒埋设时需要注意以下五点:①土压力盒光滑面为工作面(另一面带两孔的为支撑面),安装时该面必须朝向土体并与压力方向垂直;②埋设时,应把埋设处夯实找平,土压力盒工作面外的淤泥土和砂土尽量使其与扰动前的土体密度一致;③为了消除土体不均匀引起的局部应力差别,要求与受力面接触的土颗粒要尽量细小,小于土压力盒直径(12mm)的 1/20,因此在土压力盒下面铺设经过筛分直径小于

0.25mm(土压力盒直径的 1/48)的细砂;④土压力盒的电缆线应该"S"形布置,以避免地基沉降时电缆线被拉断。

表 4-5　土压力盒规格型号

| 传感器 | 尺寸规格 | 备注 |
|---|---|---|
| DMTY 土压力盒 | 直径 12mm,厚度 4.2mm;出线方式为侧边出线;电缆线长 5m | 接桥方式为全桥,桥压为 2V;桥路电阻为 350Ω |

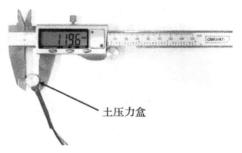

土压力盒

图 4-6　土压力盒实物

应变采集系统采用 DM-YB1820 型动静态测试分析系统,这是一种对电阻应变计及应变式传感器应变测试分析的系统,它在电脑安装配套的数据采集软件后能同时采集和显示 20 个通道的全部数据,实物如图 4-7 所示。该仪器数据采样频率可达 10Hz,测量应变范围为 $-19999 \sim 19999\mu\varepsilon$,最高分辨率可达 $1\mu\varepsilon$,可以通过有线传输或无线传输等方式传输和存储数据。

图 4-7　应变采集系统

试验采用压力量程为 5kN,竖向位移量程为 1m 的压力试验机。该试验机主要由反力架和下压机构组成,下压机构主要由伺服电缸组成。该试验机通过手动移动 $X$ 轴和 $Y$ 轴到达加载位置。试验机有两种试验方式:一种为测试动载荷,另一种为测试静载荷。在控制台的电脑上手动输入力值和加载时间,得出时间-位移曲线图。该加载系统操作方便,适合进行挤密砂桩复合地基载荷试验,仪器如图 4-8 所示。

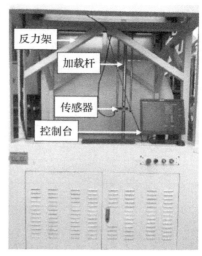

　　试验采用的位移传感器和压力传感器嵌套在压力试验机上,经过测试,可精确地测量加载杆的位移和加载力的数值,即可以准确获取承载板荷载大小以及承载板的沉降量。压力传感器和位移传感器的精度分别为 0.2% 和 0.1‰(10N 和 0.1mm),满足本章所有的试验要求。位移传感器和压力传感器的数据均由控制台的电脑采集。

图 4-8　压力试验机与传感器

　　在实际工程中,根据《复合地基技术规范》(GB/T 50783—2012)规定,每级加载后当连续的沉降速率不大于 1mm/h 时,可加下一级荷载。挤密砂桩在某级荷载作用下达到沉降稳定状态需要一定的时间进行孔隙消散。若按竖向变形速率施加荷载,得到的挤密砂桩复合地基极限承载力不是真实的承载力,会比实际值偏小。而采用分级加载方式能获得最大化的极限承载力,更符合工程实际,试验结果更有应用价值。因此,本章采用慢速分级加载的方式,每级荷载下挤密砂桩的沉降稳定后再施加下一级荷载,稳定标准为在连续2min 内沉降量小于 0.1mm/min。即当连续 2min 的沉降速率不大于 0.1mm/min时,可加下一级荷载。

### 4.1.3　试验目的与方案

　　为了研究挤密砂桩复合地基在不同置换率和不同长径比条件下的竖向承载特性,揭示挤密砂桩复合地基的加固机理和破坏模式,以及成桩引起的土体隆起分布规律,本章共设计了 12 组室内挤密砂桩复合地基静载试验方案,具体工况如表 4-6所示。其中试验 1 是空白对照组,为其他试验提供基准与依据。为了研究单桩挤密砂桩复合地基与群桩挤密砂桩复合地基的承载力特性,试验 2 设置了置换率为14% 的单桩挤密砂桩复合地基。为了研究在群桩中,不同置换率与不同长径比对挤密砂桩复合地基承载力特性的影响,设置试验 3~试验 7 为不同长径比下的低置换率(38%)挤密砂桩复合地基,试验 8~试验 11 为不同长径比下的高置换率(70%)挤密砂桩复合地基。试验 12 的目的是对比全置换复合地基与高置换率砂桩复合地基的区别。

表 4-6 挤密砂桩复合地基承载力试验工况

| 试验分组 | 置换率/% | 桩径/mm | 桩长/mm | 长径比 |
|---|---|---|---|---|
| 试验 1 | 0 | — | — | — |
| 试验 2 | 14 | 30 | 230 | 7.7 |
| 试验 3 | 38 | 30 | 90 | 3.0 |
| 试验 4 | 38 | 30 | 120 | 4.0 |
| 试验 5 | 38 | 30 | 150 | 5.0 |
| 试验 6 | 38 | 30 | 180 | 6.0 |
| 试验 7 | 38 | 30 | 230 | 7.7 |
| 试验 8 | 70 | 30 | 120 | 4.0 |
| 试验 9 | 70 | 30 | 150 | 5.0 |
| 试验 10 | 70 | 30 | 180 | 6.0 |
| 试验 11 | 70 | 30 | 230 | 7.7 |
| 试验 12 | 100 | — | — | — |

# 4.2 不同置换率下挤密砂桩破坏模式

## 4.2.1 低置换率挤密砂桩复合地基结果分析

在本节试验中,不同于预埋式和钻孔式的成桩方式,挤密砂桩的成桩方式采用挤入式,这会引起原地基土土体表面的隆起。我们对置换率为 38% 挤密砂桩复合地基的隆起土体进行了测量,以加载杆顶到隆起土表面为准,通过计算加载杆顶到隆起土体表面的高度与加载杆顶到初始土体的表面高度之差得到土体表面的隆起高度。

土体隆起测点主要分布在桩所在位置以及模型箱边界(边界 1 和边界 2),成桩顺序呈 S 形,具体测点排列如图 4-9 所示。由于每排之间隆起量的高度差异较小,因此将每一排的隆起量投影到同一平面进行分析。图 4-10 描述了置换率为 38%,桩长为 230mm 挤密砂桩复合地基测量点 $x$ 轴坐标与土体隆起高度的关系。从图 4-10 中可以得出,第一列桩的隆起量较低,高度约为 1.2cm,即 $0.4D$($D$ 为桩径);第四列桩隆起高度为最大值,约为 3.5cm,即 $1.2D$;在第四列桩沿 $x$ 轴正方向,隆起高度逐渐下降,边界处没有明显的隆起。

由以上规律可得土体隆起与成桩顺序有很大联系,隆起土的运动趋势会随着成桩顺序方向运动。受到先施工挤密砂桩的影响,该区域土体强度提升,土体只能往土体较弱的区域隆起,且隆起量为前后两排桩隆起量的叠加,所以后施工挤密砂桩区域的隆起量更大。

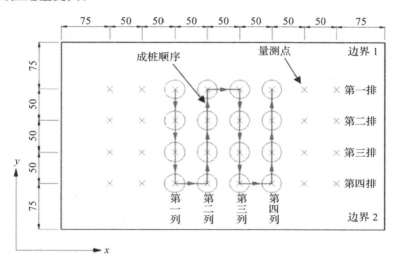

图 4-9　置换率为 38％挤密砂桩复合地基土体隆起测点(单位:mm)

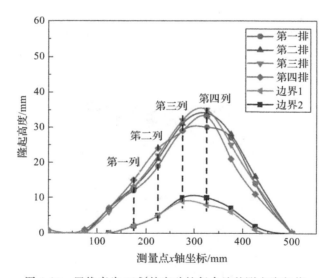

图 4-10　置换率为 38％挤密砂桩复合地基测点隆起值

挤密砂桩的破坏模式与常见的刚性桩不同。刚性桩通常为摩擦桩或端承桩,压缩模量非常大,桩身变形量很小,一般会发生冲刺破坏。而挤密砂桩为散体材料桩,由桩间土的土压力来支撑。因此,在竖向荷载作用下,挤密砂桩会产生较大的压缩变形和鼓胀变形。根据已有的研究发现,在竖向荷载作用下,挤密砂桩的破坏模式主要有刺入破坏、剪切破坏和鼓胀破坏三种,如图 4-11 所示。在实际工程中,挤密砂桩的桩长较大,鼓胀破坏更为常见。

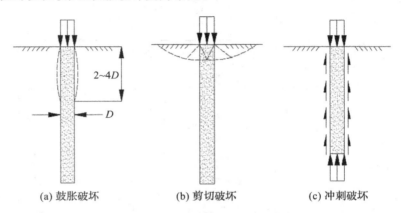

(a) 鼓胀破坏       (b) 剪切破坏       (c) 冲刺破坏

图 4-11　常见的挤密砂桩破坏模式

置换率为 38％,桩长为 230mm 的挤密砂桩受加载结束后的破坏模式如图 4-12所示。图中中心桩(即承压板荷载作用下中间的两根桩)发生鼓胀破坏。挤密砂桩鼓胀破坏的深度约为 $2D$,最大鼓胀破坏发生在深度约为 $1D$ 处,其对应的宽度为 $1.5D$,该现象也符合诸多学者研究的规律。随着深度的增加,径向变形量逐渐减小,超过约 $2D$ 时径向变形几乎不计。而边桩发生轻微的弯曲,桩顶起约为 $1D$ 的部分向内弯曲。

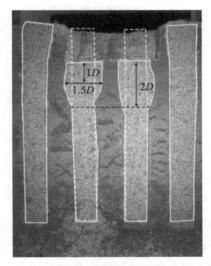

图 4-12　置换率为 38％的挤密砂桩破坏模式

### 4.2.2　高置换率挤密砂桩复合地基结果分析

置换率为 70％的挤密砂桩复合地基土体隆起测点分布比置换率为 38％的挤密砂桩复合地基更为密集,具体测点排列如图 4-13 所示。置换率为 70％的挤密砂桩复合地基成桩顺序同样呈 S 形,如图 4-13 箭头所示。图 4-14 描述了置换率为 70％,桩长为 230mm 的挤密砂桩复合地基测量点 $x$ 轴坐标与土体隆起高度的关系。第一列桩的隆起量较低,隆起高度约为 2.5cm,即 0.8$D$(低置换率为 0.4$D$);第四列桩隆起高度为最大值,约为 5cm,即 1.7$D$(低置换率为 1.2$D$)。由此可见,土体的隆起主要集中在最后一列桩的区域,此列土体隆起量最大,且每一列的土体隆起量明显高于低置换率挤密砂桩的隆起量。

为了进一步对比低和高置换率挤密砂桩复合地基隆起量,我们对平均土体隆起高度进行了计算(平均隆起高度＝隆起土体体积/面积),曲线与坐标轴围成的面积与对应的土体宽度相乘可得土体隆起体积。选取隆起量较大的区域进行比较,取坐标(100,0)到(400,0),计算得到宽度为 30cm 的低和高置换率挤密砂桩复合地基隆起量分别约为 500cm³ 和 900cm³。已知处理土体区域面积尺寸分别为 20cm×20cm,12.8cm×12.8cm,因此土体表面平均隆起高度分别为 1.3cm 和 5.5cm,即 0.4$D$ 和 1.8$D$,可见高置换率挤密砂桩复合地基的隆起量明显大于低置换率挤密砂桩复合地基。

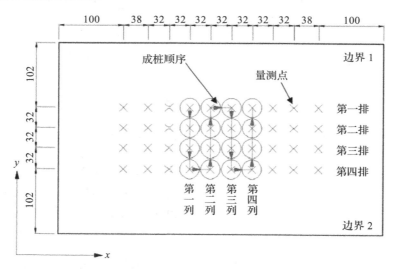

图 4-13　置换率为 70％挤密砂桩复合地基土体隆起测点(单位:mm)

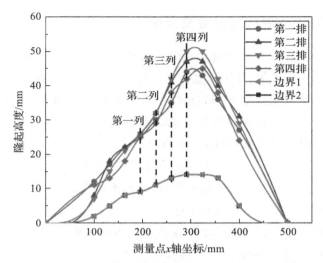

图 4-14 置换率为 70％挤密砂桩复合地基测点隆起值

土体隆起与成桩顺序息息相关,隆起土体会随着成桩顺序方向运动,且置换率越高,隆起量越大。因为受到先施工挤密砂桩的影响,该区域土体强度提升,土体只能往强度较弱的区域隆起,隆起量为前、后两排桩隆起量的叠加,且后施工的挤密砂桩区域的隆起量更大。而在高置换率复合地基中,桩间距更小,每根桩之间的相互影响更加明显,因此土体隆起更显著。在实际工程中,合理确定挤密砂桩的施打顺序十分重要,要根据场地及工程需要决定挤密砂桩的施打顺序。例如,在人工岛的建设中,以大圆筒围堰为起点向岛外方向打设,使拱起淤泥向远离大圆筒的方向移动,避免影响大圆筒的结构稳定性。

图 4-15 描述了置换率为 70％,桩长为 230mm 的挤密砂桩受加载结束后的破坏模式。由图可知,挤密砂桩中心

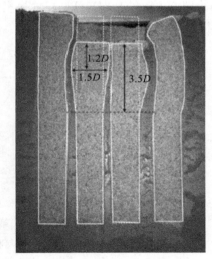

图 4-15 置换率为 70％的挤密砂桩破坏模式

桩发生鼓胀破坏,且鼓胀破坏深度相对低置换率挤密砂桩的鼓胀深度更大,鼓胀深度约为 3.5D(置换率为 38％的挤密砂桩鼓胀深度区域约为 2D)。而其鼓胀宽度相对较小,最大鼓胀破坏发生在深度约 1.2D 处,其宽度约为 1.2D(置换率为 38％的

挤密砂桩最大鼓胀破坏的深度约为 1D 处,其宽度为 1.5D)。深度超过 1.2D 后,随着深度的增加,径向变形量逐渐减小,超过约 3.5D 时径向变形几乎不计。高置换率挤密砂桩与低置换率挤密砂桩破坏模式不同的原因是变群桩效应的影响:相对低置换率挤密砂桩的桩间距而言,高置换率挤密砂桩的桩间距很小,桩体在发生鼓胀变形过程中会受到邻近桩的影响,桩与桩之间的变形会相互约束,从而导致高置换率挤密砂桩的鼓胀宽度变小,鼓胀深度变大。

从图 4-15 中还可以发现,中心桩靠近中间侧的鼓胀变形没有靠边桩一侧明显,原因是两根中心桩都要发生鼓胀破坏,其桩间距非常小,两根桩之间相互抵抗的作用力产生效果,导致靠中间侧的鼓胀变形会受到对方变形的约束,所以靠近中间侧的桩发生的鼓胀变形相对较小。而两根边桩没有承受竖向荷载,不会发生鼓胀破坏。由于中心桩的鼓胀变形对边桩的影响较大,中心桩鼓胀导致边桩发生弯曲剪切破坏,弯曲部分相对低置换率也比较大,弯曲区域为 3.5D。

### 4.2.3　不同置换率下挤密砂桩复合地基承载力试验

为了进一步说明不同置换率挤密砂桩复合地基对天然地基承载力的提高程度,我们引入承载力提高因子 BCIF(Bearing Capacity Improvement Factor)的概念,即承压板在相同沉降 $S/B$ 时挤密砂桩复合地基与未加固的天然地基承受的应力之比,以此反映挤密砂桩对地基承载荷载能力的提高作用,表达式为:

$$\mathrm{BCIF}=P/P_0 \tag{4-1}$$

式中,$P$ 为地基处理后复合地基承受的荷载(kPa),$P_0$ 为天然(未处理)地基承受的荷载(kPa)。

图 4-16 描述了置换率分别为 14%、38%、70%、100% 的复合地基相对于天然(未处理)地基的应力提高因子 BCIF 与相对沉降 $S/B$ 的关系。对于单桩复合地基,承载板在相对沉降 4% 之前,承载力提高因子逐渐增加,随后略微减小并趋于稳定,符合承载板发生刺入破坏的规律。而对于置换率为 38% 和 70% 的挤密砂桩复合地基,加载初期桩体还未完全发生破坏,桩体的刚度能较大提高地基承载力,所以承载

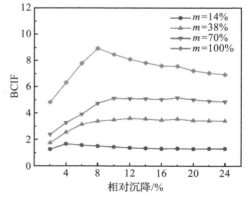

图 4-16　相对沉降-BCIF 曲线

力提高因子逐渐增加。而随着桩体不断鼓胀变形,承载板也不断沉降,当承载板相对沉降大于8%时,承载力提高因子趋于稳定,桩体也达到完全破坏的状态。对于100%置换率复合地基,承载板在相对沉降8%之前,承载力提高因子逐渐增加,随后减小,这也符合发生刺入破坏的规律。

为了更详细地反映置换率对地基承载力的影响,选取趋于稳定后不同相对沉降(8%、10%、12%)分析置换率与承载力提高因子的关系,如图4-17所示。可见趋于稳定后,置换率与BCIF的关系基本一致,在达到稳定值时,BCIF值分别为1.4、3.5、5.1、8.5。在置换率分别为14%、38%、70%的复合地基中,线段近似为线性,其中,由于14%置换率为单桩复合地基,因此该值相对偏低。而对于100%置换率,其对于承载力的提高较大,BCIF值8.5。在本试验中,局部开挖换填复合地基使用砂量为11230g,70%置换率挤密砂桩复合地基使用砂量为6240g,砂量多用了80%,而其承载力比高置换率70%挤密砂桩提高了约1.6倍,可见局部开挖换填法提高效果不显著。而且在实际工程中,开挖换填不仅会对环境造成较大的伤害,其施工难度以及施工成本也是远高于高置换率,因此在实际工程中更建议采用高置换率挤密砂桩复合地基的处理方法来适应需要更高承载力的建筑物。

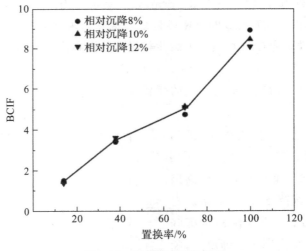

图 4-17　置换率-BCIF 曲线

### 4.2.4　不同长径比下挤密砂桩复合地基承载力试验

本小节主要对长径比($L/D$)分别为 4、5、6 时,不同置换率($m=0$、38%、70%、100%)挤密砂桩复合地基的荷载-相对沉降曲线进行对比分析。

图 4-18 描述了当长径比为 4 时,不同置换率下挤密砂桩复合地基荷载-相对

沉降 $S/B$ 曲线。由于桩长较短,置换率为 38% 和置换率为 70% 的挤密砂桩均未达到临界桩长,它们的加固效果仍未达到最大值。图 4-19 描述了当长径比为 4 时,BCIF 与相对沉降 $S/B$ 和置换率的关系。如图 4-19(a) 所示,在加载初期,桩体还未完全发生破坏,桩体的刚度能够较大提高地基的承载力,所以承载力提高因子逐渐增加。当承压板相对沉降大于 8% 时,承载力提高因子趋于稳定。选取趋于稳定后不同相对沉降(8%、10%、12%)工况分析置换率与 BCIF 的关系,可见趋于稳定后置换率与 BCIF 关系基本一致。如图 4-19(b) 所示,当长径比为 4 时,达到稳定值时,BCIF 值分别为 2.1、3.8、8.5。

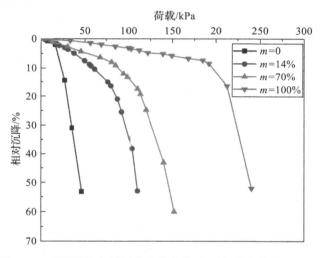

图 4-18　不同置换率下复合地基荷载-相对沉降曲线($L/D=4$)

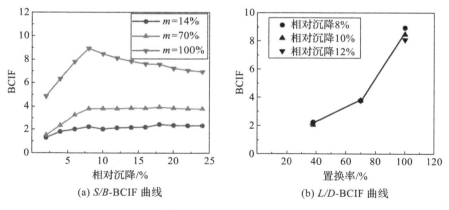

(a) $S/B$-BCIF 曲线

(b) $L/D$-BCIF 曲线

图 4-19　BCIF 因子曲线

图 4-20 描述了当长径比为 5 时,不同置换率下挤密砂桩复合地基荷载-相对沉降 $S/B$ 曲线。图 4-21 描述了当长径比为 5 时,BCIF 与相对沉降 $S/B$ 和置换率的关系。如图 4-21(a)所示,当承压板相对沉降大于 8% 时,承载力提高因子趋于稳定。在达到稳定值时,置换率 38% 挤密砂桩已经达到临界桩长,其 BCIF 值比长径比为 4 时的挤密砂桩复合地基 BCIF 值大,约为 3.5,说明桩长增加使承载力有所增加。而高置换率还未达到临界桩长,其 BCIF 稳定值也在增大,约为 4.8。如图 4-21(b)所示,当长径比为 5 时,BCIF 值分别为 3.5、4.8、8.5。

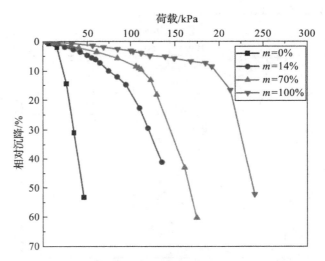

图 4-20    不同置换率下复合地基荷载-相对沉降曲线($L/D=5$)

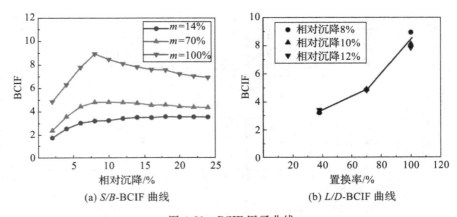

(a) $S/B$-BCIF 曲线

(b) $L/D$-BCIF 曲线

图 4-21    BCIF 因子曲线

图 4-22 描述了当长径比为 6 时,不同置换率下挤密砂桩复合地基荷载-相对

沉降 $S/B$ 曲线。图 4-23 描述了 BCIF 与相对沉降 $S/B$ 和置换率之间的关系。如图 4-23(a)所示,当承压板相对沉降大于 8% 时,承载力提高因子趋于稳定。当长径比为 6 时,置换率 38% 挤密砂桩已经达到临界桩长,BCIF 值与为 4 和 5 时的挤密砂桩值几乎一致,约为 3.5。而高置换率也到临界桩长,其 BCIF 稳定值有所增加,约为 5.1。如图 4-23(b)所示,当长径比为 5 时,BCIF 值分别为 3.5、5.1 和 8.5。

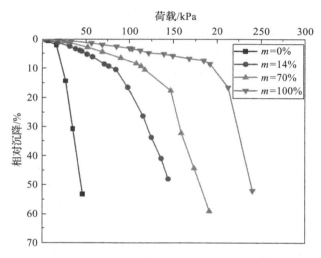

图 4-22　不同置换率下复合地基荷载-相对沉降曲线($L/D=6$)

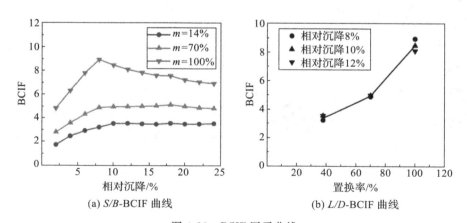

(a) $S/B$-BCIF 曲线　　　　　(b) $L/D$-BCIF 曲线

图 4-23　BCIF 因子曲线

# 4.3　挤密砂桩承载力计算方法

## 4.3.1　破坏机理

图 4-24 描述了在低置换率(38%)下,长径比为 3 和 4 时的挤密砂桩破坏模式。挤密砂桩发生冲刺破坏的同时也伴随一定的鼓胀破坏,冲刺破坏这种现象更易发生在刚性桩中。相对土体而言,短桩是较刚性的桩,而且由于桩较短,其应力可以传到桩端,其荷载主要由桩端底部的土体来承担,因此会发生冲刺破坏。由于挤密砂桩的密实度不足,且桩间土的应力没能提供足够的被动土压力来维持桩体形态,因此挤密砂桩冲刺破坏伴随着一定的鼓胀破坏。图 4-25 描述了在低置换率(38%)下,长径比为 5 和 6 时的挤密砂桩破坏模式。挤密砂桩均上部发生鼓胀破坏,鼓胀深度约为 $2D$,鼓胀宽度约为 $1.5D$,其破坏模式均与第 3 章中提到的长径比为 7.7 时的挤密砂桩破坏现象一致。由此可见,在低置换率(38%)下,当长径比大于 5 时,挤密砂桩的破坏模式为鼓胀破坏,当长径比小于 5 时,挤密砂桩的破坏模式为冲刺破坏并伴随着一定的鼓胀破坏。

 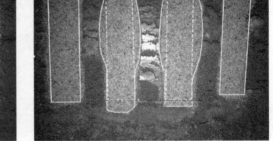

(a) $L/D=3$　　　　　　　　　　　(b) $L/D=4$

图 4-24　长径比为 3 和 4 时的挤密砂桩破坏模式

图 4-26 描述了在高置换率(70%)下,长径比为 4 和 5 时的挤密砂桩破坏模式。与低置换率类似,桩长小于临界桩长时,挤密砂桩发生冲刺破坏。由于桩较短,其应力可以传到桩端,而且相对土体短桩,它是较刚性的桩,其荷载主要由桩端底部的土体来承担,因此会发生冲刺破坏。图 4-27 描述了在高置换率(70%)下,长径比为 6 和 7.7 时的挤密砂桩破坏模式。挤密砂桩发生鼓胀破坏,其鼓胀破坏

(a) L/D=5　　　　　　　　　(b) L/D=6

图 4-25　长径比为 5 和 6 时的挤密砂桩破坏模式

深度约为 3.5D,鼓胀宽度约为 1.2D,鼓胀破坏区域更为均匀,该破坏模式均与长径比为 7.7 时的挤密砂桩破坏现象基本一致。由此可见,在高置换率(70%)下,当长径比大于 6 时,挤密砂桩的破坏模式为鼓胀破坏,当长径比小于 6 时,挤密砂桩的破坏模式为冲刺破坏并伴随着一定的鼓胀破坏。

(a) L/D=4　　　　　　　　　(b) L/D=5

图 4-26　长径比为 4 和 5 时的挤密砂桩破坏模式

置换率为 14% 时,(单桩)挤密砂桩的破坏模式为鼓胀破坏,破坏深度约为 1.5D,鼓胀宽度为 2D。将不同置换率下挤密砂桩破坏模式进行对比,如图 4-28 所示。在置换率为 14% 的单桩情况下,没有邻桩对鼓胀进行约束,挤密砂桩鼓胀更趋向于径向发展,因此挤密砂桩的鼓胀深度相对群桩更小、鼓胀宽度相对群桩更大。以上说明,随着置换率的提高,挤密砂桩的鼓胀破坏深度范围变大,从 1.6D 扩大到 3.5D,鼓胀宽度范围变小,从 2D 缩小到 1.2D。该现象与李阳通过离心机对碎石桩的研究发现有类比性,群桩相对单桩的鼓胀破坏深度范围更大。高置换

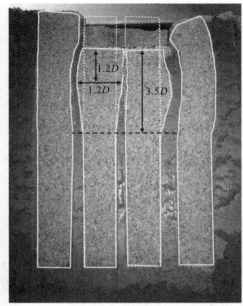

(a) $L/D=6$　　　　　　　　　　　(b) $L/D=7.7$

图 4-27　长径比为 6 和 7.7 时的挤密砂桩破坏模式

率挤密砂桩与低置换率挤密砂桩破坏模式不同的是因为受群桩效应的影响：由于高置换率挤密砂桩的桩间距很小，桩体在发生鼓胀变形时会受到邻近桩的影响，桩与桩之间的变形会相互约束，导致高置换率挤密砂桩的鼓胀宽度变小，鼓胀深度变大。

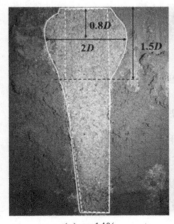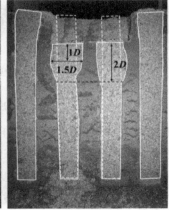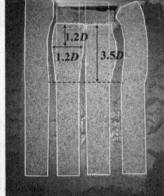

(a) $m=14\%$　　　　　(b) $m=38\%$　　　　　(c) $m=70\%$

图 4-28　不同置换率的挤密砂桩破坏模式($L/D=7.7$)

由以上挤密砂桩破坏模式可知,挤密砂桩的破坏机理与桩的长径比和置换率息息相关。对于长径比,当挤密砂桩长径比于临界值时,在荷载作用下,挤密砂桩顶部一定区域发生鼓胀变形,依靠桩周土提供的被动土压力维持桩体平衡以承受上部荷载;而挤密砂桩长径比小于临界值时,短桩的应力可以传到桩端,而且相对土体短桩是一个较刚性的桩,其荷载主要由桩端底部的土体来承担,因此会发生冲刺破坏。随着置换率的增加,挤密砂桩鼓胀破坏向深度方向发展。因为鼓胀变形受到邻近桩的约束,一部分变形沿着桩的深度发展,所以置换率越高,受到的约束越大,鼓胀破坏深度越大,鼓胀破坏宽度越小。

### 4.3.2　挤密砂桩复合地基承载力公式的改进

(1)基于圆孔扩张理论的改进公式

适用于高和低置换率挤密砂桩复合地基承载力的计算方法为圆孔扩张理论和经验法两种方法。虽然经验法计算简便,但半经验公式作用机理反映不明,不能体现上附荷载等的作用,缺乏理论性依据。由于圆孔扩张理论与挤密砂桩的鼓胀破坏模式很相似,因此有越来越多的学者基于圆筒形孔扩张理论进行相关研究,如沈才华基于圆孔扩张理论研究了挤密砂桩桩身压缩模量和桩土应力比计算方法。本书基于圆孔扩张理论改进承载力计算公式,通过反映置换率对极限侧向应力的影响,使其计算更加精确。根据前面的计算结果,建议采用成桩后桩间土的实际不排水抗剪强度进行计算较为准确。但实际工程中很难获取成桩后桩间土的实际不排水抗剪强度,所以本书修正时所取的不排水抗剪强度均为天然地基土的不排水抗剪强度,这也为工程实际提供了方便。

根据第 4.1 节所述的传递机理以及破坏模式可得,随着置换率的提高,桩与桩之间相互约束迫使桩的鼓胀向深度发展,桩的鼓胀变形量也有所减小。因此可得,置换率对单桩承载力有一定的影响,下面引入群桩效应系数 $G_e = f(m)$,对圆孔扩张理论进行改进。单桩承载力 $f_p$ 为:

$$f_p = \frac{f_{sp} - (1 - m) f_s}{m} \tag{4-2}$$

$\sigma_{ru}$ 为:

$$\sigma_{ru} = \frac{f_p}{K_p} \tag{4-3}$$

单桩的极限侧向应力 $\sigma_{ru}$ 为:

$$\sigma_{ru} = \frac{f_{sp} - (1 - m) f_s}{m \cdot K_p} \tag{4-4}$$

由圆孔扩张理论得:

$$\sigma_{ru} = \left\{ 1 + \ln\left[ \frac{E_s}{2 \cdot c_u \cdot (1+\upsilon)} \right] \right\} \cdot c_u = (1 + \ln I_r) \cdot c_u \qquad (4\text{-}5)$$

在公式中引入群桩效应系数 $G_e$：

$$\sigma_{ru} = (1 + \ln I_r + G_e) \cdot c_u \qquad (4\text{-}6)$$

可得：

$$G_e = \frac{\sigma_{ru}}{c_u} - 1 - \ln I_r \qquad (4\text{-}7)$$

收集 11 组室内试验数据,通过公式(4-7)反算得到群桩效应系数,并以置换率为自变量,群桩效应系数为因变量进行数据拟合,拟合得到的函数为一次线性函数,如图 4-29 所示。公式(4-7)也进一步解释了随着置换率的提高,桩与桩之间相互影响导致单桩的承载力有所提高,即随着置换率的提高,群桩效应系数越大,具体表达式如公式(4-8)所示,$R^2$ 为 0.92,线性拟合结果较好。该公式适用于不同置换率(10%～70%)下挤密砂桩复合软土地基承载力的计算,且应选取天然地基土的不排水抗剪强度作为计算参数。

$$G_e = 0.08m - 0.24 \qquad (4\text{-}8)$$

将其代入圆孔扩张理论可得单桩的极限承载力为：

$$f_p = (0.76 + \ln I_r + 0.08m) \cdot c_u \cdot K_p \qquad (4\text{-}9)$$

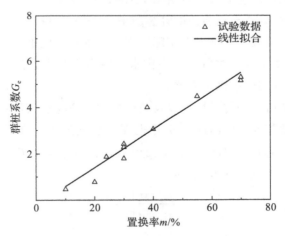

图 4-29　置换率 $m$ 与群桩系数 $G_e$ 的关系

(2)工程实例

案例1:港珠澳大桥西人工岛采用挤密砂桩处理海洋天然地基,挤密砂桩直径为 1.6m,桩间距为 1.8m,置换率为 62%(高置换率)。为了直观地评估人工岛的承载力,在人工岛附近的珠江口伶仃海域进行现场试验,试验的载荷板尺寸为

5.4m×5.4m,现场海域深约 15m,选取的土体参数如表 4-7 所示。砂桩内摩擦角取 35°,桩间土的泊松比为 0.35,桩周土体表面荷载取值为 $\sigma_s=48.9$ kPa。其试验值测得的桩间土极限承载力为 48.9kPa,该结果与公式(4-4)的计算结果 $f_s=48.1$ kPa 十分接近,此处取现场试验值 48.9kPa 为桩间土的极限承载力。

表 4-7　港珠澳大桥西人工岛土体参数

| 土体类型 | 含水量/% | 天然重度/(kN/m³) | 液性指数 | 压缩模量/MPa | 孔隙比 | 黏聚力 $c_u$ | 内摩擦角/° |
|---|---|---|---|---|---|---|---|
| 淤泥 | 61.3 | 16.2 | 1.2 | 1.612 | 1.678 | 14.9 | 0.5 |

①被动土压力法(Greenwood,Wong H. Y.)

由公式得到桩体破裂面与水平面夹角 $\delta_p=45°+\varphi_p/2=62.5°$,其鼓胀破坏的深度 $z=2r\tan\delta_p=2\times1.6\times\tan(45°+35°/2)=6.15$m,桩间土的上附荷载取值为天然地基的极限承载力值 $\sigma_s=48.9$ kPa。根据公式计算得到三种不同被动土压力法的单桩承载力分别为:

$$f_p=\left[(48.9+16.2\times6.15)\times1.02+2\times14.9\times\sqrt{1.02}\right]\times3.69=668.5(\text{kPa})$$

$$f_p=(48.9\times1.02+2\times14.9\times\sqrt{1.02})\times3.69=294.6(\text{kPa})$$

$$f_p=\left[0.5\times(48.9+16.2\times6.15)\times1.02+2\times14.9\times\sqrt{1.02}\right]\times3.69=389.7(\text{kPa})$$

根据桩土叠加原则计算得到复合地基的极限承载力分别为:

$$f_{sp}=mf_p+(1-m)f_s=0.62\times668.5+(1-0.62)\times48.9=433.0(\text{kPa})$$

$$f_{sp}=mf_p+(1-m)f_s=0.62\times294.6+(1-0.62)\times48.9=201.2(\text{kPa})$$

$$f_{sp}=mf_p+(1-m)f_s=0.62\times432.8+(1-0.62)\times48.9=260.0(\text{kPa})$$

②经验法(Hughes-Withers,Hansbo)

经验法的主要参数只有不排水抗剪强度,计算得到的单桩承载力分别为:

$$f_p=6\times14.9\times3.69=329.9(\text{kPa})$$

$$f_p=7\times14.9\times3.69=384.8(\text{kPa})$$

根据桩土叠加原则计算得到复合地基的极限承载力分别为:

$$f_{sp}=mf_p+(1-m)f_s=0.62\times329.9+(1-0.62)\times48.9=223.1(\text{kPa})$$

$$f_{sp}=mf_p+(1-m)f_s=0.62\times384.8+(1-0.62)\times48.9=257.2(\text{kPa})$$

③Brauns 计算法

取挤密砂桩的内摩擦角为 35°,则 $\delta_p=62.5°$,$\delta$ 土体滑动面与水平面夹角可用公式(4-5)计算得到 $\delta=71.5°$,则单桩极限承载力为:

$$f_p=\left(48.9+\frac{2\times14.9}{\sin2°\times71.5}\right)\cdot\left(\frac{\tan62.5°}{\tan71.5°}+1\right)\times3.69=596.6(\text{kPa})$$

根据桩土叠加原则计算得到的复合地基极限承载力为：

$$f_{sp} = m f_p + (1-m) f_s = 0.62 \times 596.6 + (1-0.62) \times 48.9 = 391.0 (\text{kPa})$$

④圆孔扩张理论

圆孔扩张理论计算得到的单桩极限承载力为：

$$f_p = (1 + \ln I_r) \cdot c_u \cdot K_p$$
$$= \left[ 1 + \ln \frac{1612}{2 \times 14.9 \times (1+0.35)} \right] \times 14.9 \times 3.69$$
$$= 257.9 (\text{kPa})$$

经过桩土叠加法计算可得复合地基的极限承载力为：

$$f_{sp} = m f_p + (1-m) f_s = 0.62 \times 257.9 + (1-0.62) \times 48.9 = 178.5 (\text{kPa})$$

⑤本书的修正圆孔扩张理论

经过修正的圆孔扩张理论计算得到的单桩极限承载力为：

$$f_p = (0.76 + \ln I_r + 0.08 a_s) \cdot c_u \cdot K_p$$
$$= \left[ 0.76 + \ln \frac{1612}{2 \times 14.9 \times (1+0.35)} + 0.08 \times 62 \right] \times 14.9 \times 3.69$$
$$= 517.4 (\text{kPa})$$

桩土叠加法计算可得复合地基的极限承载力为：

$$f_{sp} = m f_p + (1-m) f_s = 0.62 \times 517.4 + (1-0.62) \times 48.9 = 339.4 (\text{kPa})$$

上述方法所得结果如表 4-8 所示，改进后的圆孔扩张理论与试验值较为接近。

**表 4-8　极限承载力理论值与试验值对比**

| 计算方法 | 计算值/kPa | 试验值/kPa |
|---|---|---|
| 被动土压力法（Greenwood） | 433.1 | >340 |
| 被动土压力法（Wong H. Y.） | 201.2 | |
| 修正被动土压力法 | 260.2 | |
| 经验法（Hughes-Withers） | 223.1 | |
| 经验法（Hansbo） | 257.2 | |
| Brauns | 391.0 | |
| 圆孔扩张理论 | 178.5 | |
| 修正圆孔扩张理论公式 | 339.4 | |

案例 2：上海洋山深水港人工岛同样采用了挤密砂桩地基处理方式，现场试验中，砂桩的置换率 $m = 60\%$，砂桩内摩擦角取 $40°$，桩直径 $D = 1.85\text{m}$，现场试验载荷板尺寸为 $4.2\text{m} \times 4.2\text{m}$，具体土体参数如表 4-9 所示。利用修正的圆孔扩张理论

和未修正的圆孔扩张理论计算得到的结果如表 4-10 所示。现场载荷试验得到的复合地基承载力极限值不低于 559kPa,桩体极限承载力换算得到的复合地基承载力计算结果与现场试验结果基本相符,建议的修正公式可应用于实际工程的计算。表中的计算结果比试验值偏小一些,原因在于现场试验的表层土含有一层Ⅱ₂粉砂夹粉质黏土,该层土不仅提高了对挤密砂桩的侧向极限应力和单桩极限承载力,还提高了桩间土的极限承载力,因此计算结果与实际值较小,但修正后的圆孔扩张理论明显比未修正的要更接近试验值。

表 4-9　上海洋山深水港人工岛土体参数

| 土体类型 | 含水量/% | 天然重度/(kN/m³) | 液性指数 | 压缩模量/MPa | 孔隙比 | 黏聚力 $c_u$ | 内摩擦角/° |
|---|---|---|---|---|---|---|---|
| 淤泥 | 48.8 | 17.1 | 1.26 | 2.8 | 1.347 | 14.6 | 0.3 |

表 4-10　极限承载力理论值与试验值对比

| 计算方法 | 单桩极限承载力/kPa | 桩间土极限承载力/kPa | 计算值/kPa | 试验值/kPa |
|---|---|---|---|---|
| 圆孔扩张理论 | 355.9 | 46.5 | 232 | 559 |
| 修正公式 | 703.8 | 46.5 | 443.9 | |

被动土压力法以及 Branus 法都需要提供桩间土的上附荷载,而上附荷载的确定也十分困难,选用桩间土的极限承载力作为桩间土极限状态所承受的荷载 $\sigma_s$。上附荷载 $\sigma_s$ 在被动土压力、Branus 法以及修正被动土压力的计算结果中占很大比例,因此该参数在实际计算中会使被动土压力、Branus 法以及修正被动土压力的结果存在较大的差异,很难选取合适的数据进行承载力预测;而经验法则缺少相关的理论依据。本书提出的修正圆孔扩张理论基于挤密砂桩的鼓胀破坏模式,考虑了置换率对鼓胀变形的影响,即置换率越高承载力越大,进一步地提高了挤密砂桩复合地基极限承载力的预测精度。综上两个案例分析,本书提出的修正圆孔扩张理论可以应用于实际挤密砂桩承载力的计算中。

# 4.4　复合地基变形模量分析

变形模量(deformation modulus)是指土在侧向自由膨胀条件下的应力与应变之比:

$$E_s = \frac{\sigma_s}{\epsilon} \tag{4-10}$$

$$E_{sp} = \frac{\sigma_{sp}}{\varepsilon} \tag{4-11}$$

$$\sigma_{sp} = [1 + m(n-1)] \cdot \sigma_s \tag{4-12}$$

式中，$E_s$ 为天然地基土压缩模量（MPa），$E_{sp}$ 为桩的压缩模量（MPa），$\sigma_s$ 为地基应力（kPa），$\sigma_{sp}$ 为复合地基应力（kPa）。

工程实践中采用载荷试验进行的变形模量反算：

$$E_0 = I_0(1 - v^2)\frac{PB}{s} \tag{4-13}$$

式中，$I_0$ 为刚度系数，系数为 $\frac{\pi}{4}$ 时是圆形承压板，系数为 $\frac{\sqrt{\pi}}{2}$ 时是方形承压板；$B$ 为承压板直径或边长（m）；$s$ 为荷载对应沉降值（kPa）；$v$ 为泊松比。

联立公式（4-10）～公式（4-13）得：

$$E_{sp} = I_0(1 - v^2)\frac{\sigma_{sp}d}{s} \tag{4-14}$$

将荷载沉降曲线的直线段选取数据代入公式得复合地基的变形模量，如表 4-11 所示。可知单桩挤密砂桩复合地基变形模量提高约 1.2 倍，38% 复合地基提高 1.5 倍，70% 复合地基提高 1.7 倍，100% 复合地基提高 2.3 倍。虽然高置换率可以较大地提高承载力，但其变形模量的提高较小，高置换率复合地基也许会存在加载后变形沉降较大的问题。而全置换的地基变形模量提高较大，这种地基处理方式可以有效减小复合地基的变形。

《建筑地基处理技术规范》（JGJ 79—2012）第 7.2.9 条给出的复合地基压缩模量，可以确定以下两式，

$$E_{sp} = mE_p + (1 - m)E_s \tag{4-15}$$

$$E_{sp} = [1 + m(n-1)]E_s \tag{4-16}$$

式中，$E_s$ 为天然地基土压缩模量（MPa），$E_p$ 为桩的压缩模量（MPa），$E_{sp}$ 为复合土层压缩模量（MPa）。

表 4-11 不同置换率下复合地基的压缩模量

| 置换率/% | 复合地基变形模量/MPa |
|---|---|
| 0 | 0.600 |
| 14 | 0.724 |
| 38 | 0.918 |
| 70 | 1.003 |
| 100 | 1.412 |

变形模量的计算公式与承载力计算公式相似,公式(4-15)需要有天然地基土压缩模量 $E_s$ 和桩的压缩模量 $E_p$ 两个数据。有学者通过碎石桩复合地基及单桩静载试验认为 $E_p$ 采用桩体压缩模量会产生较大误差,$E_p$ 采用桩的变形模量得到的计算结果比较符合实际。但由于桩的变形模量需由现场单桩静载试验确定,该方法显得不太方便。公式(4-16)需要置换率和桩土应力比两个数据,其中桩土应力比可以反映不同的桩长等参数,具有更强的适应性,缺点是桩土应力比较难确定。

# 4.5　本章小结

本章通过 12 组室内模型试验,研究了不同置换率和不同长径比下挤密砂桩复合软土地基的承载力特性,得到以下几个结论。

(1)置换率分别为 14%、38%、70%、100%时的挤密砂桩复合软土地基比天然地基的极限承载力分别提高了 1.4、3.5、5.1 和 8.5 倍。其中,置换率为 100%的开挖换填复合地基虽然比置换率为 70%的挤密砂桩复合地基承载力高 1.6 倍,但其用料成本、施工成本以及对环境不友好等因素使该方法不经济。

(2)桩土应力比随着荷载的增加而增加,当荷载约等于承载力特征值时,桩土应力比趋于稳定,置换率为 38%和 70%的挤密砂桩复合地基对应的桩土应力比分别为 2.8 和 1.6。挤密砂桩桩长对桩土应力比的影响较小,随着长径比的增加,桩土应力比有小幅度的增加。当置换率为 38%时,长径比为 5、6 和 7.7 的挤密砂桩复合地基对应的桩土应力比分别为 2.3、2.5 和 2.8。

(3)挤密砂桩的成桩工艺会引起天然地基土体表面隆起,置换率为 38%和 70%的挤密砂桩复合地基的平均隆起高度分别为 $0.4D$ 和 $1.8D$,而置换率为 14%的挤密砂桩复合地基几乎没有隆起。挤密砂桩成桩引起的土体隆起在高置换率挤密砂桩复合地基中尤为显著。隆起土的运动趋势随着成桩顺序方向运动,在实际工程中,需根据场地及工程需要,结合隆起规律,合理确定挤密砂桩的施打顺序。例如,在人工岛的建设中,应以大圆筒围堰为起点向岛外方向打设桩,使隆起土向远离大圆筒的方向移动。

(4)挤密砂桩的破坏模式为鼓胀破坏,高置换率(70%)挤密砂桩的鼓胀破坏深度相对低置换率挤密砂桩更大,鼓胀深度约为 $3.5D$,而鼓胀宽度相对低置换率挤密砂桩较小,最大鼓胀破坏发生在深度约为 $1.2D$ 处,其宽度约为 $1.2D$。高置换率挤密砂桩的鼓胀变形向深度方向发展。

(5)随着挤密砂桩桩长的增加,挤密砂桩复合地基的承载力存在临界值,即挤密砂桩存在临界长径比。不同置换率下挤密砂桩临界长径比不同,低置换率(38%)挤密砂桩的临界长径比为5,高置换率(70%)挤密砂桩的临界长径比为6。

(6)当挤密砂桩为短桩(小于临界长径比)时,荷载传递系数随着荷载的增加而增加;当挤密砂桩为长桩(大于临界长径比)时,荷载系数随着荷载的增加而减小。短桩主要由桩端承担荷载,而长桩则由桩顶部的桩间土承担荷载。短桩和长桩不同的荷载传递方式决定了不同的破坏模式,即短桩的底部刺入破坏和长桩的顶端鼓胀破坏。

(7)桩土承载力叠加法中的圆孔扩张理论、经验法、被动土压力法均适合用于低置换率挤密砂桩复合地基极限承载力计算。而对于高置换率挤密砂桩复合地基,仅用圆孔扩张理论和经验法适用。而且,取成桩后的不排水抗剪强度作为参数进行承载力计算得出的结果更为准确。

(8)基于圆孔扩张理论提出了考虑群桩效应的改进挤密砂桩承载力公式,并通过工程实例证明其适用性,可预测不同置换率的挤密砂桩复合地基极限承载力。

(9)置换率分别为14%、38%、70%、100%的挤密砂桩复合软土地基分别比天然地基的变形模量提高了1.2、1.5、1.7、2.3倍。

# 第5章
# 块石基床承载特性研究

## 5.1 抛石基床离散介质模型构成与模拟技术

当前常用的数值模拟方法主要有限单元法、有限差分法、离散单元法和非连续变形分析法(DDA 法)等。这几种方法各有优缺点,其对比如表 5-1 所示。

表 5-1 几种常见的数值模拟方法对比

| 方法名称 | 优点 | 缺点 |
|---|---|---|
| 有限元法 | 适用于变形介质的分析方法:①能够对具有复杂地貌和地质的边坡进行计算;②考虑了土体的非线性弹塑性本构关系,以及变形对应力的影响;可与多种方法相结合,发挥出更大的优势,如刚体极限平衡有限元法 | 不能体现颗粒间的复杂相互作用及高度非线性行为,不能真实刻画散体材料的流动变形特征;有限元对于大变形求解、岩体中不连续面、无限域和应力集中等问题的求解还不理想 |
| 离散单元法 | 特别适用于节理岩石边坡稳定分析,便于处理以所有非线性变形和破坏都集中在节理面上为特征的岩体破坏问题 | 对连续介质有一定的局限性,对节理面上的法向及切向弹簧刚度参数的确定问题有待解决 |
| 快速拉格朗日元法(常用软件 FLAC3D) | 能处理大变形问题,模拟岩体沿某一弱面产生的滑动变形;可比较真实地反映材料实际的动态行为;能有效模拟随时间演化的非线性系统的大变形力学过程 | 采用屈服准则,但求得的是局部单元的屈服破坏情况,而对整个岩体破坏情况评价力度不足 |
| 非连续变形分析法 | 主要适用于不连续块体系统;可模拟出岩石块体的移动、转动、张开和闭合等全部过程,并据此判断岩体的破坏程度、破坏范围 | 参数直接影响到计算结果,一般假定岩体为弹性的,塑性和黏性则不适用;对软岩、软硬相间的情况处理困难;另外,对静态问题处理过于简单 |

本章研究对象为抛石散体介质,当激振力较大时非常容易出现散体破碎过程,相较有限单元法、有限差分法等连续数值模拟方法,块体离散单元法和颗粒离散单元法是认识抛石介质力学性质的有力工具。而 DDA 法主要针对刚性块体和目前较为成熟的二维情况,尚无法考虑三维问题;块体离散单元法不能模拟抛石在液压振动夯实中的破碎等现象,颗粒离散单元法则不受变形量的限制,是模拟该类介质力学特性的重要途径。因此,本章采用离散单元法中的颗粒离散单元法。

颗粒离散单元,即颗粒流程序,通过离散单元方法来模拟由颗粒连接形成的任意形状组合块体的结构问题与颗粒介质运动及其相互作用,期望利用这种局部的模拟结果来研究边值连续计算问题。颗粒离散单元法通过以散体介质细观结构为基础,将材料力学响应问题从物理域映射到数学域,即采用显式差分算法,循环交替运用力-位移定律和牛顿运动定律更新接触颗粒间接触力和颗粒位置,构建颗粒间新接触,从而模拟介质颗粒的运动及其相互作用过程。目前,它已逐渐成为模拟固体力学和颗粒流问题的一种有效手段。

在利用 PFC 软件进行数值模拟时,针对不同材料可采用不同的接触本构模型进行分析。根据抛石基床特点及颗粒之间存在着黏结破坏,本章研究的抛石颗粒采用平行黏结模型,该模型圆盘或圆球间可承受弯矩,较适合模拟岩石的力学性质。

### 5.1.1 抛石细观模拟理论方法

#### 5.1.1.1 平行黏结模型

PFC 模型通过调节颗粒与颗粒之间的微观参数对实体试验的数值进行模拟,而颗粒之间的微观特性可以分为短期效应跟长期效应(流变)两种。现对颗粒之间的短期效应进行说明。通过改变颗粒的微观参数可以产生 3 种短期效应模型:接触黏结模型(contact-bondmodel)、平行黏结模型(parallel-bondmodel)和无黏结模型(unbondedmodel)。接触黏结模型与平行黏结模型的区别在于,接触黏结模型中颗粒之间通过接触点的刚性黏结传递力的作用且无法传递力矩,黏结本身不能变形,当作用力大于黏结强度时,黏结断裂;平行黏结则通过接触面的柔性黏结传递力和力矩,黏结本身有一定的刚度且可发生一定的变形,当作用力大于黏结强度时发生黏结断裂。此外,平行黏结模型能较好地模拟峰后应力突降的过程,而接触黏结模型在峰后易出现较大的应力震荡现象,这与实际不符合。因此,本章选用平行黏结模型进行数值模拟。

（1）平行黏结模型主要参数

平行黏结模型（见图 5.1）主要由 8 个细观参数组成：平行黏结半径放大倍数 $\bar{\lambda}$，颗粒接触点的杨氏模量 $E$，颗粒接触的法向刚度与切向刚度比 $K_n/K_s$，平行黏结的杨氏模量 $\bar{E}$，平行黏结法向刚度与切向刚度比 $\overline{K_n}/\overline{K_s}$，颗粒的摩擦系数 $\mu$，颗粒的法向平行黏结强度 $\sigma_c$，颗粒的切向平行黏结强度 $\bar{\tau}_c$。

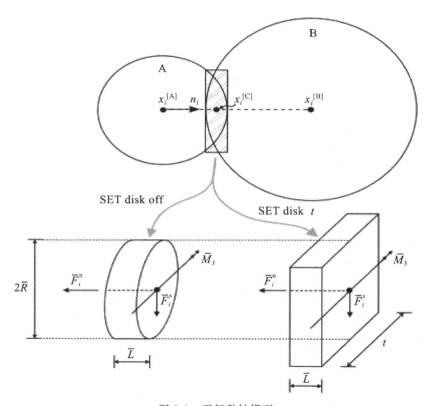

图 5-1　平行黏结模型

PFC2D 中平行黏结法向刚度 $K_n$ 和切向刚度 $K_s$ 可以理解为单位面积上的单元刚度，其计算公式如下：

$$\overline{K}_n = \frac{K_n}{A} = \frac{\overline{E}}{L} \tag{5-1}$$

$$\overline{K}_s = \frac{K_s}{A} = \frac{12 I \overline{E}}{A L^3} \tag{5-2}$$

（2）宏观-微观力学参数之间的关系

PFC 离散单元模型中的细观参数基本包括以下三个部分：①颗粒的几何参数

和表面力学参数；②颗粒之间的接触形式和力学参数；③反映颗粒单元动力状态的状态参数。前两者为建模者赋予模型的基本参数体系，而模型中颗粒的动力状态则需要通过设定状态参量进行观察、记录和统计。图 5-2 反映了宏观力学参数与颗粒流细观参数之间的关系，图中宏观尺度中的应力、应变通过离散化得到细观尺度的接触变形和接触力。通过对宏观力学现象的离散化可以得到相应的细观模型，而要检验细观模型的正确性，则可以通过统计计算出细观模型所表现出的宏观力学参数，并与实际的宏观参数进行对比。

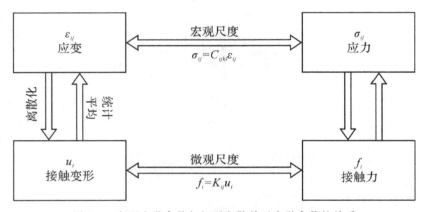

图 5-2  宏观力学参数与细观离散单元力学参数的关系

在颗粒流离散单元理论中，模拟物理模型之前必须找到与物理模型相对应的细观参数。理论上，通过调整岩体的细观参数（如颗粒大小、形状、刚度和颗粒间摩擦系数）就可以得到任意的物理力学模型。然而，获得颗粒细观参数与物理模型的宏观力学参数之间的关系却相当困难，这是因为两者之间存在诸多难以控制的因素，并且这些因素之间的非线性关系非常显著。在实际工程中，材料的宏观参数（如密度）都是直接从试验中得到，而这些参数都是在 PFC 模型中输入的细观参数的外在表现，一个细观参数的改变将直接影响到模型试验的正确性。为此，在进行抛石基床夯击试验前，必须正确地确定抛石体相对应的离散单元细观参数。

在宏观尺度上，本章采用美国 Itasca 公司开发的 PFC 软件进行颗粒流离散单元模拟，表 5-2 列出了 PFC 模型中主要细观参数，作为对比，表 5-3 列出了颗粒材料的宏观力学参数。

表 5-2　PFC 模型中颗粒结构的细观参数

| 颗粒的几何参数 | ①颗粒半径 |
|---|---|
| | ②密度 |
| 颗粒的力学参数 | ①颗粒之间的摩擦系数 |
| | ②颗粒之间接触模量:法向刚度、切向刚度 |
| | ③颗粒法向刚度与切向刚度比率 |
| 平行黏结本构模型 | ①平行黏结法向刚度和剪切刚度 |
| | ②平行黏结之间的法向刚度与切向刚度比率 |
| | ③平行黏结抗拉强度和抗剪强度 |
| | ④平行黏结法向抗拉强度与抗剪强度比率 |
| | ⑤平行黏结的半径乘子 λ |

表 5-3　材料的宏观力学参数

| 颗粒材料宏观力学参数 | ①黏聚力 |
|---|---|
| | ②内摩擦角 |
| | ③泊松比 |
| | ④弹性模量 |
| | ⑤抗剪强度 |
| | ⑥抗拉强度 |
| | ⑦抗压强度 |

### 5.1.1.2　颗粒间黏结破坏过程模拟

颗粒流理论之所以能模拟试样中裂缝的产生与发展,是因为它引入了颗粒接触黏结本构模型;颗粒接触连接处允许产生裂纹,类似于实际试样中的微弱结构面,从而为模拟岩土体裂缝的形成与发展提供了条件,图 5-3 为理想模型所示。

在 PFC 软件中,颗粒黏聚力由颗粒间的法向黏结强度(n_bond)、切向黏结强度(s_bond)和颗粒间摩擦系数来确定。如果颗粒间的实际的轴向拉力或者切向力有一个大于相应的轴向黏结强度(n_bond)或切向黏结强度(s_bond)的初始设定值,则颗粒间的黏结就会发生破坏,产生微裂纹。

在 PFC 软件中,只有在黏结接触模式中才能形成裂纹。因此,裂纹形成的数量和位置受初始试样中颗粒的黏结参数接触所影响。微裂纹的几何尺寸和位置具体受产生微裂纹的两个颗粒的大小和位置影响。

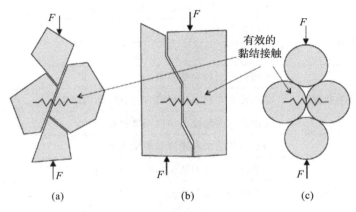

图 5-3　岩块开裂示意

颗粒及颗粒间的黏结可简化为一个圆柱面,其法线方向在模型平面内如图 5-4 所示。

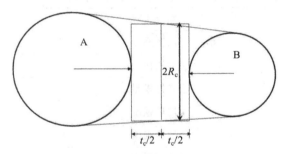

图 5-4　微裂纹扩展示意

假定产生裂纹的两个颗粒分别为 A,B,则裂纹圆柱面的厚度为:

$$t_c = d - (R^{[A]} + R^{[B]}) \tag{5-3}$$

式中,$d$ 为两颗粒之间的距离,$R^{[A]}$ 为颗粒 A 的半径,$R^{[B]}$ 为颗粒 B 的半径。

圆柱面的中心为:

$$x_i = x_i^{[A]} + (R^{[A]} + t_c/2) n_i \tag{5-4}$$

式中,$n_i$ 为从 $x_i^{[A]}$ 指向 $x_i^{[B]}$ 的法线方向。

圆柱面半径为:

$$R_c = R^{[A]} + (R^{[B]} - R^{[A]})(\frac{R^{[A]} + t_c/2}{d}) \tag{5-5}$$

每条微裂纹由厚度、半径、法向方向以及中心点的位置这几个参数来表示,厚度等于两个颗粒间的间隙长度;裂纹半径为两颗粒连接柱面的中面长度;裂纹法线方向与两颗粒中心点的连线方向一致；中心点为产生裂纹的两个颗粒中心点位置的连线与颗粒间距中心线的交点。

上述处理的主要优点是能使 PFC 模型具有描述细观结构微裂纹的力学特性的能力，能把岩体宏观力学行为和裂纹发展的微结构机制相联系。

比较图 5-5 及图 5-6 可知。

接触黏结模型具有存在和消失两种状态。一旦在剪切向或者法向超过强度极限，则颗粒间的约束消失，转化为无约束状态，此时，颗粒相互作用可遵从滑移模型；接触黏结模型简单地将颗粒间相互作用在法向和切向引入了本构关系，但没有描述颗粒间扭转特性，平行-约束模型则考虑得更为细致；接触黏结模型是点接触，表征为一个力，平行黏结模型是有限尺寸（圆形或矩形截面）上的平行黏结，表征为一个力和一个力矩。

两种黏结模型可以同时激活，但是接触黏结不能和滑动模型同时激活。黏结只能发生在颗粒之间，而不能发生在颗粒与墙体之间，默认情况下，颗粒之间无黏结。

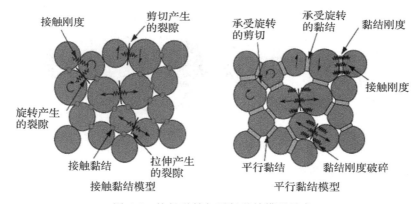

图 5-5　接触黏结与平行黏结模型示意

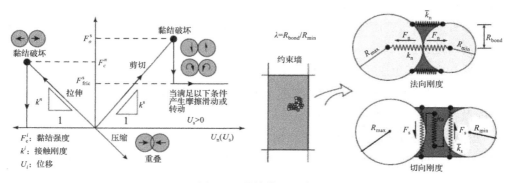

图 5-6　黏结模型示意

### 5.1.2　抛石基床与抛石级配模型实现方法

#### 5.1.2.1　抛石基床实现思路

由于基于 Clump 单元生成的二维抛石基床生成原理和 Rblock 单元生成的三维抛石基床生成原理类似,因此本节基于 Rblock 单元,以深中通道沉管隧道振动密实抛石层陆地工艺试验为例进行抛石基床的生成,原始试验基床顶面尺寸为 10m×10m,基床厚度为 1.8m,抛石质量范围取 10～100kg,抛石平均粒径为 15～30cm。三维数值模型建立的流程如下。

①首先绘制基床边界。

②设置颗粒球半径范围和种子位置,在相应的区域内生成颗粒。

③根据抛石级配情况,逐级配(由大到小)随机生成抛石块体,如图 5-7 所示。

④生成抛石块体后检查,去除孤独的抛石颗粒,将抛石信息导出。

⑤将抛石信息导入 PFC3D 软件,施加重力,使其堆积稳定供以后计算使用。

图 5-7　抛石转化为三维颗粒模型

#### 5.1.2.2　抛石基床模型生成方法

(1)方法一

在模型边界上生成一系列颗粒,提取颗粒的信息,通过信息对比,只保留抛石内部的颗粒,然后将其设为一组,进而生成新的模型,最后施加重力,使抛石在重力作用下自由堆积,进而形成抛石基床模型,流程如图 5-8 所示。

(2)方法二

在基床顶部生成一定厚度的(约为抛石基床设计厚度的 1/10)第一层抛石层,如图 5-9(a)所示,对其施加重力,使抛石在重力作用下自由下落,以模拟现场试验中的抛石投掷过程,如图 5-9(b)所示;等到第一层抛石层下落并堆积到一定高度后,按照相同的方法在同样位置生成第二层抛石层,并使其在重力场作用下自由下落,如图 5-9(c)所示;循环上述过程直至抛石基床的厚度达到设计标高的 1.3 倍。

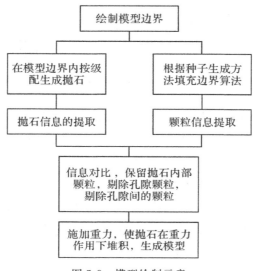

图 5-8　模型绘制示意

采用此方法生成的抛石基床内部存在大量不平衡力,使抛石在天然重力下也存在极大沉降,这与天然重力场下的抛石基床的堆积特性是不相符的,因此对于最终生成的抛石基床要在重力作用下和模型边界范围内使其发生自由堆积沉降,使其不平衡力稳定后达到天然抛石的状态,图 5-10 为自重作用下抛石堆积图。

当抛石基床的不平衡力稳定后,对基床高度进行监测,当基床高度大于设计标高时,删除大于设计标高的抛石,最终生成的基床高度如图 5-11 所示。

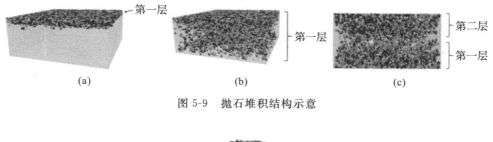

图 5-9　抛石堆积结构示意

图 5-10　自重作用下抛石堆积

图 5-11　振动后抛石堆积

　　两种方法均能构建抛石基床模型,且均能满足工程实际要求。对比两种方法,方法一实现速度比较快,方法二能够模拟抛石在重力作用和模型边界范围内自由堆积。

### 5.1.2.3　抛石级配生成方法

　　利用 PFC3D 软件的 fish 函数编写按照一定级配产生随机尺寸的抛石颗粒程序,生成的抛石层级配表如表 5-4 所示。抛石层级配曲线如图 5-12 所示。

表 5-4　抛石级配表

| 粒径范围/m | 0.150 | 0.150~0.167 | 0.167~0.183 | 0.183~0.200 | 0.200~0.217 | 0.217~0.233 | 0.233~0.250 | 0.250~0.267 | 0.267~0.283 | 0.283~0.300 |
|---|---|---|---|---|---|---|---|---|---|---|
| 累计占比 | 0.083 | 0.166 | 0.260 | 0.345 | 0.493 | 0.693 | 0.888 | 0.976 | 0.997 | 1.000 |

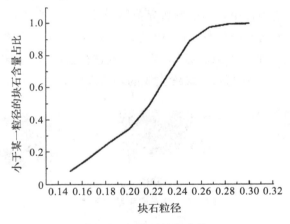

图 5-12　抛石级配曲线

　　按照第 4.1.3.2 节中的第二种方法生成的抛石基床,是抛石层在重力作用下自由落体并沉降稳定后形成的,新生成的抛石基床级配与初始抛石级配是否一致需进一步验证。因此,选取抛石基床上任意三个区域的抛石进行级配检测,如图 5-13 所示。以 1 区域为例(如图 5-14 所示),检测方法是在 1 区域生成一定半径的测量球,测量球会对球体内部的所有抛石进行尺寸统计,同时对相同尺寸的抛石进行计数,并最终基于尺寸和计数数据获得当前测量球内部抛石的级配曲线。

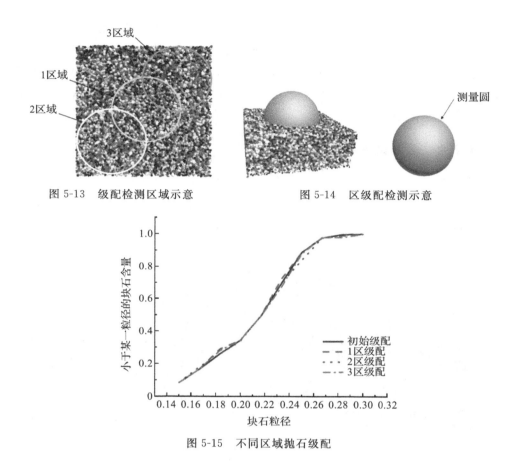

图 5-13　级配检测区域示意　　　　　　图 5-14　区级配检测示意

图 5-15　不同区域抛石级配

根据各检测区的级配曲线与初始级配的对比可得,抛石层在重力作用下自由落体并沉降稳定后形成的抛石基床级配和初始级配一致。

## 5.2　基于现场试验的液压振动锤夯实抛石基床模拟验证

在抛石基床上采用液压振动的方法使抛石基床更加密实,其机理是在外力作用下使颗粒间的接触关系发生重排。在摩擦和翻转等运动作用下,抛石间的孔隙会发生改变,由于抛石颗粒本身有较高的强度,故一般不会发生颗粒的破碎,因此抛石完全可采用不破碎 Clump 单元和 Rblock 单元分布进行二维模拟和三维模拟。由于二维基床的生成流程和三维基床存在共性,为简化说明,书中涉及试验流程的模拟方法均以三维模拟为例,对二维基床和试验流程的试验方法不再赘述。

针对基床受力不大,抛石体不会发生破碎的情况,采用 PFC3D 方法模拟抛石基床在液压振动下的密实度和承载力变化。模型边界与原试验采用相同的边界条件,包括基床尺度、振动参数、抛石粒径间存在的关系。根据布设监测点,分析监测点的应力应变和夯沉量。

### 5.2.1 现场试验数值流程模拟

开始夯击前,抛石基床模型首先在自重作用下达到力学平衡,力链分布如图 5-16 所示,竖直方向上,力链呈现上细下粗,水平方向上,力链分布均匀,符合抛石在重力场下的力链分布。

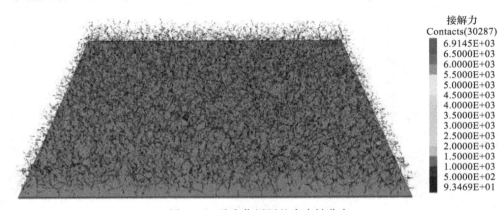

接解力
Contacts(30287)
6.9145E+03
6.5000E+03
6.0000E+03
5.5000E+03
5.0000E+03
4.5000E+03
4.0000E+03
3.5000E+03
3.0000E+03
2.5000E+03
2.0000E+03
1.5000E+03
1.0000E+03
5.0000E+02
9.3469E+01

图 5-16　重力作用下基床力链分布

数值模拟基床模型尺寸:基床厚度为 1.21m,基床底部长宽均为 10m。模型中采用的抛石粒径集中在 10~30cm 范围内。

#### 5.2.1.1 振动密实模拟

在液压振动过程中,对振动密实区域 1、2、3、4 处的抛石进行位移监测,振动密实区如图 5-17 所示,液压振动密实顺序为 1→2→3→4。振动密实时间和振动密实次数见表 5-5。

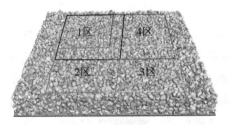

图 5-17　振动密实分布区及位移监测区

表 5-5　A-1-1 组振动密实时间和次数表

| 试验 | 振动密实次序 | 振动密实时间/s | 振动密实次数 | 夯板状态 |
|---|---|---|---|---|
| A-1-1（模拟） | 1 区 | 30 | 1 | 完成一次振动密实后移动到 2 区 |
| | 2 区 | 30 | 1 | 完成一次振动密实后移动到 3 区 |
| | 3 区 | 30 | 1 | 完成一次振动密实后移动到 4 区 |
| | 4 区 | 30 | 1 | — |

在实际工程中,振动板尺寸为 4m×5m×1m,数值模拟中振动板尺寸为 4m×5m×0.9m,对振动板施加 21Hz 的激振力。由于振动板是以激振力的方式传递到抛石基床上的,所以用数值方法模拟时为了简化振动板的加载方式,在振动板上施加如图 5-18 所示的方向竖直向下的周期性荷载。为获得振动板底部有效激振力,对振动板底部进行应力监测得到如图 5-19 所示的有效激振应力。为了与工程实际激振力峰值相对应,数值模拟中所描述的激振应力峰值均为对应工程实际的激振应力大小,之后不再作另外说明。

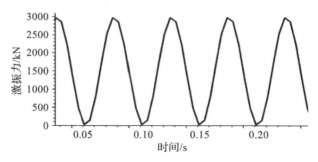

图 5-18　振动板激振力加载方式示意

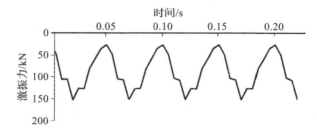

图 5-19　振动板有效激振应力监测

在抛石基床在振动板作用下,得到激振应力为 150kPa,频率为 21Hz,各区振动时间为 30s 时,抛石基床位移随时间的位移矢量图,如图 5-20～图 5-23 所示。

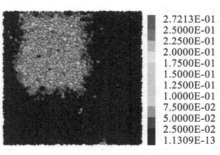

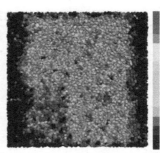

图 5-20  抛石基床 1 区振动密实效果图                图 5-21  抛石基床 4 区振动密实效果图

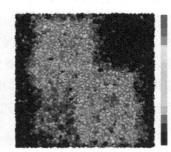

图 5-22  抛石基床 2 区振动密实效果图                图 5-23  抛石基床 3 区振动密实效果图

在振动密实过程中,抛石基床的整体沉降是工程中一个比较关心的问题,抛石夯沉量通过最终夯沉量以及夯沉率对抛石基床高频振动致密的效果进行检验。由于抛石由 Rblock 构成,对于抛石基床所需监测位移来说,只需得到相应 Rblock 顶部的竖向位移即可,无须考虑抛石在移动过程中的旋转问题。因此,为获得抛石基床夯沉量,利用自定义 fish 代码生成 Gemoetry 区域对 1、2、3、4 区组成的振动密实区抛石顶部平均高度进行扫描。其扫描原理是先对振动密实区域内所有抛石按照长和宽方向划分为 $10 \times 10$ 个矩形区域,记录各矩形区域顶点所在 $x$、$y$ 坐标附近每个抛石高度,并将抛石高度进行逐个比较,从而获得同一 $x$、$y$ 坐标下的抛石最大高度。将获得的矩形区域四个顶点处最大抛石高度取平均值,即可获得当前区域抛石平均高度;对每个矩形区域重复上述操作,并取平均值即可获得此时振动密实区抛石的顶部高度;每隔一定时间重复上述操作,即可获得不同时间下的振动密实区抛石顶部高度的变化曲线。基于统计值获取抛石顶部高度,并利用沉降值＝初始顶部高度－实时顶部高度,最终获得在高频液压振动下的抛石沉降实时变化曲线。Geometry 扫描区域及 Gemetry 形式如图 5-24 所示。

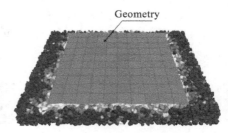

图 5-24  扫描区域及 Gemetry 形式

　　根据对基床顶面位移进行监测,得到激振应力为 150kPa,频率为 21Hz,各区振动时间为 30s 时,基床顶部随时间变化的平均沉降曲线如图 5-25～图 5-28所示。

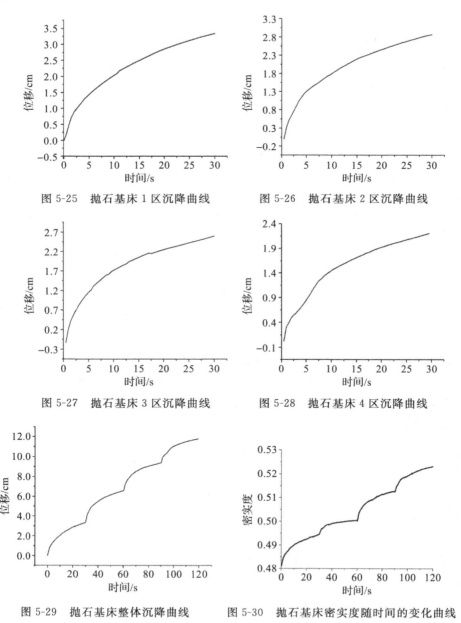

图 5-25　抛石基床 1 区沉降曲线　　　图 5-26　抛石基床 2 区沉降曲线

图 5-27　抛石基床 3 区沉降曲线　　　图 5-28　抛石基床 4 区沉降曲线

图 5-29　抛石基床整体沉降曲线　　　图 5-30　抛石基床密实度随时间的变化曲线

抛石的密实度能够很好地反映抛石基床的压密程度,因此对基床振动密实区范围内的抛石体积进行实时统计,根据振动密实区总体积的实时监测值,可得到在激振应力为 150kPa,频率为 21Hz,振动时间为 30s 时,抛石基床密实度随时间的变化曲线,如图 5-30 所示。

### 5.2.1.2　静载试验模拟

振动密实后,在振动密实抛石垫层上进行静载试验。静载试验的模拟方式是通过 Rblock 单元生成尺寸为 3.24m×2.40m×0.90m 的加载板,将加载板置于振动密实区特定位置,在夯实板上施加一定的荷载,并每隔一定时间提高荷载加载级数。A-1-1(模拟)组静载试验加载级数如下 0→20kPa→35kPa→50kPa→65kPa→80kPa→95kPa→110kPa→130kPa→145kPa。每级加载荷载持续时间相同,逐级加载曲线如图 5-31 所示。

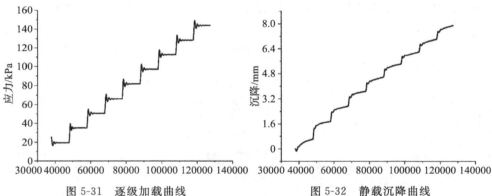

图 5-31　逐级加载曲线　　　　　　图 5-32　静载沉降曲线

在逐级加载过程中对静载试验区域进行沉降监测,并获得随静载应力逐渐增大过程中静载沉降的实时变化曲线,如图 5-33 所示。

由于抛石基床的静载试验主要是观测各级荷载作用下抛石基床随压力的变形,可根据 $p$-$s$ 曲线确定地基的变形模量。因此每加一级荷载前测读载荷板沉降,并建立 $p$-$s$ 曲线图,如图 5-33 所示。

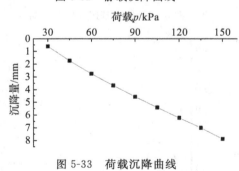

图 5-33　荷载沉降曲线

### 5.2.1.3　承载力试验模拟

由于抛石的静载试验模拟需要耗费大量的时间,同时静载试验最终获得的是变形模量,而承载力作为基床的重要指标,仅采用变形模量并不能很好地反映承载力的变化特性,因此本节增设承载力试验快速模拟。模拟方法是在静载试验开始前对加载板施加一定的速度,如图 5-34 所示,并监测加载板底部抛石的位移和应力变化曲线,如图 5-35 所示。

图 5-34　承载力试验加载板

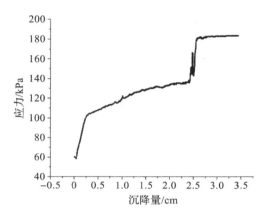

图 5-35　承载力应力沉降曲线

## 5.2.2　三维振动密实现场试验与模拟验证

对液压振动密实抛石基床振动密实时间、激振力大小、逐级加载、振动密实板和加载板的模拟,主要体现了对现场试验的试验流程模拟,尽管试验流程模拟能较好地匹配现场试验过程,但试验流程模拟的准确性并没有得到验证,同时抛石所设置的接触参数是否匹配当前的试验流程模拟方法也没有得到验证。

现场试验主要研究了振动密实时间、振动密实次数、抛石基床厚度和抛石粒径对基床振动密实效果的影响。因此,本小节选取 A-1-1、A-1-3、B-2 三组现场试验数据进行模拟验证,并基于 A-1-1(试验)组进行土体参数的标定,利用 A-1-3(试验)组和 B-2(试验)组进行参数合理性验证。其中,A-1-1 组和 A-1-3 组中的变量为振动密实时间,A-1-1 组和 B-2 组的变量为振动密实次数和抛石基床厚度、抛石粒径。上述三组现场试验监测数据和模拟监测数据的匹配程度,能够验证试验流程模拟和抛石参数设置的准确性。

### 5.2.2.1　参数标定组的准确性验证

在抛石基床在振动板作用下,得到激振应力为 150kPa,频率为 21Hz,振动时间为 30s。

将 A-1-1(模拟)与 A-1-1(试验)的垫层沉降最终值进行比较,对比情况如表5-6所示。可知 A-1-1(试验)在振动 30s 后,垫层沉降最大值为 11.90cm,振动密实率为 9.83％;A-1-1(模拟)在振动 30s 后,垫层沉降最大值为 11.60cm,振动密实率为

9.67%。振动密实率和垫层沉降值的模拟值与试验实测值相差0.16%。

表5-6　A-1-1组振动密实试验与模拟值对比表

| 试验 | 垫层厚度/m | 振动密实时间/s | 垫层沉降/cm | 振动密实率/% |
|------|-----------|---------------|-------------|-------------|
| A-1-1(模拟) | 1.20 | 30 | 11.60 | 9.67 |
| A-1-1(试验) | 1.21 | 30 | 11.90 | 9.83 |

将 A-1-1(模拟)与 A-1-1(试验)的静载试验的 $p$-$s$ 曲线进行比较,如图5-37所示。可知 A-1-1(试验)和 A-1-1(模拟)的 $p$-$s$ 曲线匹配较吻合,静载试验的试验模拟和抛石参数标定的准确性可以得到保证。

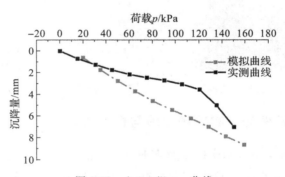

图5-36　A-1-1组 $p$-$s$ 曲线

#### 5.2.2.2　振动密实时间对标定参数的准确性验证

作为振动条件重要因素之一,振动时间对抛石基床的高频振动致密的效果有着相当大的影响,并且能反应试验流程模拟和抛石参数标定的准确性。

选取 A-1-3 作为振动密实时间对标定参数的准确性验证组,抛石基床在振动板作用下,得到激振应力为150kPa,频率为21Hz,振动时间为20s时(如表5-7),抛石基床位移随时间的位移矢量如图5-37~图5-40所示。

表5-7　A-1-3组振动密实时间和次数表

| 试验 | 振动密实次序 | 振动密实时间/s | 振动密实次数 | 夯板状态 |
|------|-------------|---------------|-------------|---------|
| A-1-3(模拟) | 1 区 | 20 | 1 | 完成一次振动密实后移动到2区 |
| | 2 区 | 20 | 1 | 完成一次振动密实后移动到3区 |
| | 3 区 | 20 | 1 | 完成一次振动密实后移动到4区 |
| | 4 区 | 20 | 1 | — |

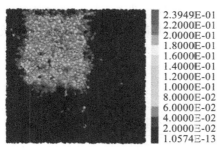

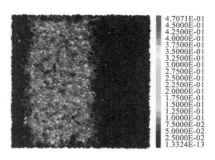

图 5-37　抛石基床 1 区振动密实效果图　　　图 5-38　抛石基床 2 区振动密实效果图

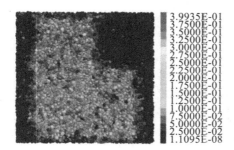

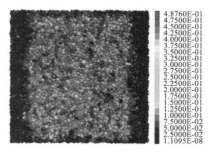

图 5-39　抛石基床 3 区振动密实效果图　　　图 5-40　抛石基床 4 区振动密实效果图

根据对基床顶面位移进行监测,得到在激振应力为 150kPa,频率为 21Hz,各区振动为 20s 时,基床顶部随时间变化的平均沉降曲线如图 5-41 所示。

将 A-1-3(模拟)与 A-1-3(试验)的垫层沉降最终值进行比较,对比情况如表 5-8 所示。可知 A-1-3(试验)在振动 20s 后,垫层沉降最大值为 9.97cm,振动密实率为 8.67%;A-1-3(模拟)在振

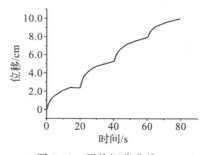

图 5-41　平均沉降曲线

动 20s 后,垫层沉降最大值为 9.17cm,振动密实率为 8.04%。振动密实率和垫层沉降值的模拟值与试验实测值相差 8%。因此,在改变单一变量振动密实时间后,振动密实过程的试验模拟和抛石参数标定的准确性可以得到保证。

表 5-8　A-1-3 组振动密实试验与模拟结果对比表

| 试验 | 垫层厚度/m | 振动密实时间/s | 垫层沉降/cm | 振动密实率/% |
| --- | --- | --- | --- | --- |
| A-1-3(模拟) | 1.15 | 20s | 9.17 | 8.04 |
| A-1-3(试验) | 1.15 | 20s | 9.97 | 8.67 |

　　比较 A-1-3（模拟）与 A-1-3（试验）的静载试验的 $p$-$s$ 曲线，对比情况如图 5-42 所示。可知 A-1-3（试验）和 A-1-3（模拟）的 $p$-$s$ 曲线匹配度极高，静载试验的试验模拟和抛石参数标定的准确性可以得到保证。

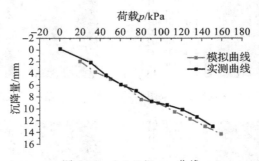

图 5-42　A-1-3 组 $p$-$s$ 曲线

### 5.2.2.3　粒径、振动密实次数、基床厚度对标定参数的准确性验证

　　在单一变量振动密实时间改变后，试验模拟数据和现场试验数据仍有很好的匹配度，因此本小节将扩大变量的改变范围，进一步验证试验流程模拟和抛石参数标定的准确性。

　　由于不同粒径、振动密实次数、基床厚度对抛石基床的高频振动致密的效果也存在很大的影响，因此选取 B-2 组进行试验模拟。并通过抛石基床在振动板作用下，得到激振应力为 150kPa，频率为 21Hz 时，B-2 组抛石基床位移随时间的振动密实曲线，如图 5-43 和图 5-44 所示。

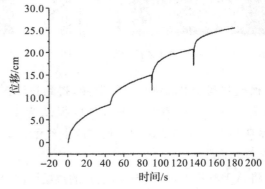

图 5-43　B-2 组沉降时间曲线（第一次振动密实 45s）

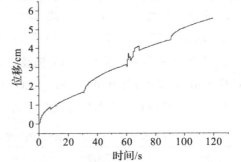

图 5-44　B-2 组沉降时间曲线（第二次振动密实 30s）

　　比较 B-2(模拟)与 B-2(试验)的垫层沉降最终值,如表 5-9 所示。可知 B-2(试验)在振动 45s 后,垫层沉降最大值为 28.76cm,振动密实率为 9.40%,在第二次振动 30s 后,垫层沉降最大值为 4.54cm,振动密实率为 1.48%,总振动密实率为 10.88%;B-2(模拟)在振动 45s 后,垫层沉降最大值为 25.51cm,振动密实率为 8.04%,在第二次振动 30s 后,垫层沉降最大值为 5.60cm,振动密实率为 1.80%,总振动密实率为 9.84%。振动密实率的模拟值与试验实测值相差 1.04%。因此,在改变多个变量振动密实时间后,振动密实过程的试验模拟和抛石参数标定的准确性也可以得到保证。

表 5-9　**B-2 组振动密实试验与模拟结果对比表**

| 试验 | 垫层厚度/m | 振动密实时间/s | 垫层沉降/cm | 振动密实率/% |
|---|---|---|---|---|
| B-2(模拟) | 3.11 | 45s | 25.51 | 8.04 |
| | | 30s | 5.60 | 1.80 |
| | | 75s(累计) | 31.11 | 9.84 |
| B-2(试验) | 3.06 | 45s | 28.76 | 9.40 |
| | | 30s | 4.54 | 1.48 |
| | | 75s(累计) | 33.30 | 10.88 |

　　比较 B-2(模拟)与 B-2(试验)的静载试验的 $p\text{-}s$ 曲线,如图 5-45 所示。可知 B-2(试验)和 B-2(模拟)的 $p\text{-}s$ 曲线匹配度较高,静载试验的试验模拟和抛石参数标定的准确性可以得到保证。

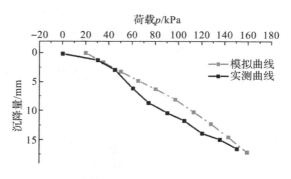

图 5-45　B-2 组 $p\text{-}s$ 曲线

# 5.3　抛石基床密实后承载特性影响因素数值模拟研究

沉积物在遭受夯击或振动时会表现出更加密实的趋势,在适当夯击或振动下,沉积物能达到最佳的密实状态,振动致密受到材料特性、颗粒特征以及振动条件等众多因素的影响。颗粒特性因素主要指颗粒粒径、级配、初始堆积状态等,而振动条件主要指激振力、振动时间、振动频率等。

采用三维颗粒流程序软件 PFC3D 对抛石基床振动致密过程中的抛石厚度、抛石粒径、振动时间、振动频率、有效激振幅度、抛石级配效应等六个影响因素进行研究与分析,以期得出抛石基床高频振动致密在不同因素下的影响规律。

本章在第 4.3 节已完成振动密实的抛石基床模型上进行变形模量研究,以进一步分析抛石基床在不同基床厚度、抛石粒径、振动时间、振动频率、有效激振力大小和级配等因素下的变形模量。

## 5.3.1　基床厚度对承载特性的影响

抛石基床的变形模量通过静载试验得到的 $p$-$s$ 曲线计算,其中静载试验用第 4.1 节的方法进行模拟,静载试验最大加载应力均为 160kPa。

基床高度为 3.0m、抛石粒径为 15～30cm、振动密实时间为 60s、振动密实频率为 21Hz、有效激振应力 140kPa 下静载试验前后的基床高度原始云图分别如图 5-46 和图 5-47 所示,位移云图如图 5-50 所示。由于静载试验的沉降较小,为显示静载试验区基床高度变化,对基床原始云图进行处理,得到处理后的静载试验前后基床高度云图,如图 5-48 和 5-49 所示。为简化说明本章后续仅提供 $p$-$s$ 曲线图和基床位移云图。

图 5-46　基床高度原始云图
（静载试验前）

图 5-47　基床高度原始云图
（静载试验后）

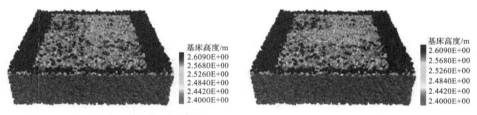

图 5-48　基床高度云图（静载试验前）　　　　图 5-49　基床高度云图（静载试验前）

图 5-50　基床高度位移云图

在第 4.1 节的基床厚度方案上进行静载试验,试验后的 $p$-$s$ 曲线和位移云图如图 5-51～图 5-56 所示。

基床厚度方案:在振动频率为 21Hz、最大有效激振应力为 140kN/m²、振动时间为 60s,抛石粒径为 15～30cm,级配为第二种级配方案的前提下,选用厚度为 1.66m、3m、4.5m 的基床。

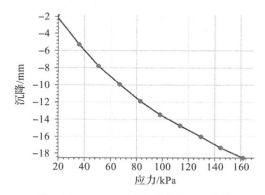

图 5-51　11.66m 厚抛石基床 $p$-$s$ 曲线

图 5-52　21.6m 厚抛石基床位移云图

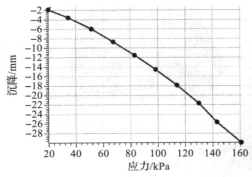

图 5-53　33.0m 厚抛石基床 *p-s* 曲线

图 5-54　43.0m 厚抛石基床位移云图

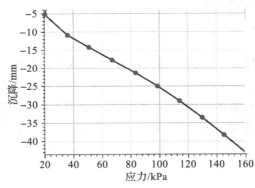

图 5-55　54.5m 厚抛石基床 *p-s* 曲线

图 5-56　64.5m 厚抛石基床位移云图

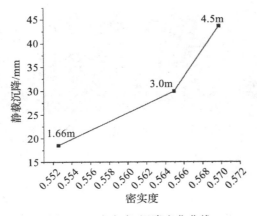

图 5-57　密实度-沉降变化曲线

（影响因素：基床厚度）

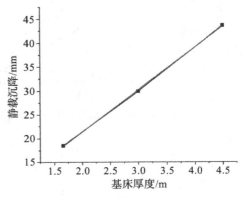

图 5-58　静载沉降拟合曲线

（影响因素：基床厚度）

　　为进一步研究基床厚度和静载试验沉降间的关系,结合图 5-51～图 5-56 绘制密实度和静载试验的沉降变化曲线,如图 5-57 所示。根据图 5-58 的静载沉降拟合曲线可得,在基床厚度影响下,密实度和静载试验沉降间呈线性关系,随着密实度增加,静载试验的沉降值逐渐增大。

　　对静载试验下的沉降进行数据拟合,得到如图 5-58 所示的一次函数拟合曲线 $y=0.00369+0.00885x$,其中纵坐标为静载沉降(m),横坐标为基床厚度(m)。

### 5.3.2　抛石粒径对承载特性的影响

　　在第 4.3.2 节的抛石粒径方案上进行静载试验,得到的 $p$-$s$ 曲线和位移云图如图 5-59～图 5-66 所示。

　　抛石粒径方案:在振动频率为 21Hz、振动时间为 60s、最大有效激振应力为 140kN/m² 、振动时间为 60s、级配为第二种级配方案的前提下,选用粒径为 10～25cm、15～30cm、20～40cm、25～45cm 的抛石。

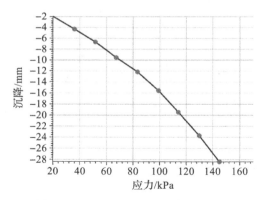

图 5-59　25cm 粒径抛石基床 $p$-$s$ 曲线

图 5-60　位移变化云图(10～25cm 粒径)

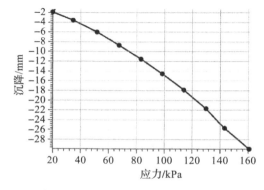

图 5-61　30cm 粒径抛石基床 $p$-$s$ 曲线

图 5-62　位移变化云图(15～30cm 粒径)

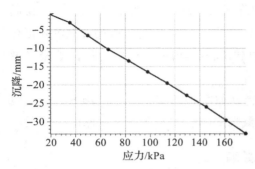

图 5-63　40cm 粒径抛石基床 *p-s* 曲线

图 5-64　位移变化云图（20～40cm 粒径）

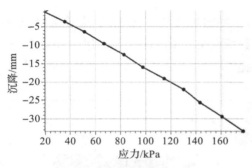

图 5-65　45cm 粒径抛石基床 *p-s* 曲线

图 5-66　位移变化云图（25～45cm 粒径）

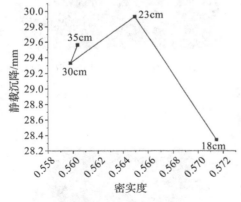

图 5-67　密实度-沉降变化曲线

（影响因素：抛石粒径）

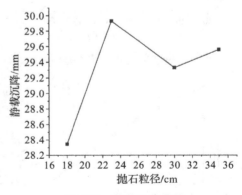

图 5-68　静载沉降曲线

（影响因素：抛石粒径）

为进一步研究抛石粒径和静载试验沉降间的关系,结合图 5-59～图 5-66 绘制影响因素抛石粒径下的密实度和静载试验的沉降变化曲线,如图 5-67 所示。根据变化曲线可得,在抛石粒径影响下,随着密实度的增加,静载沉降波动较大,最小静载沉降出现在密实度 0.572 附近。

随着抛石粒径增加,静载沉降值呈现先增大后减小的趋势,最小静载沉降出现在抛石粒径为 18cm 处,如图 5-68 所示。

### 5.3.3 振动时间对承载特性的影响

在第 4.3.3 节的振动时间方案上进行静载试验,得到的 $p$-$s$ 曲线和位移云图如图 5-69～图 5-78 所示。

振动时间方案:在振动频率为 21Hz、最大有效激振应力为 140kN/m$^2$、基床厚度为 3m,抛石粒径为 15～30cm,级配为第二种级配方案的前提下,指定振动时间分别为 30s、45s、60s、75s、90s。

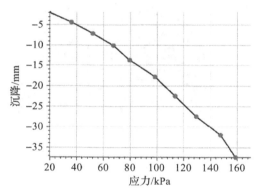

图 5-69　振动 30s 抛石基床 $p$-$s$ 曲线

图 5-70　位移变化云图(振动 30s)

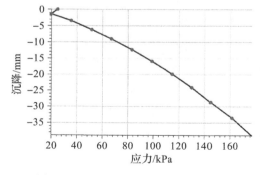

图 5-71　振动 45s 抛石基床 $p$-$s$ 曲线

图 5-72　位移变化云图(振动 45s)

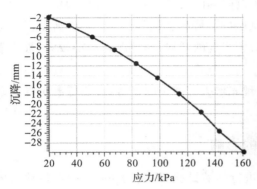

图 5-73 振动 60s 抛石基床 *p-s* 曲线

图 5-74 位移变化云图(振动 60s)

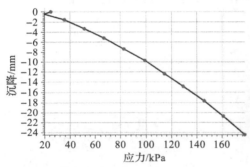

图 5-75 振动 75s 抛石基床 *p-s* 曲线

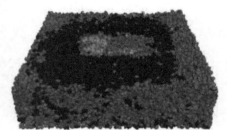

图 5-76 位移变化云图(振动 75s)

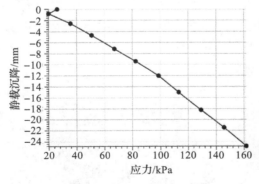

图 5-77 振动 90s 抛石基床 *p-s* 曲线

图 5-78 位移变化云图(振动 90s)

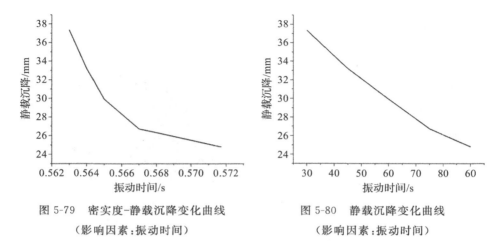

图 5-79　密实度-静载沉降变化曲线　　　　图 5-80　静载沉降变化曲线

（影响因素：振动时间）　　　　　　　　　　（影响因素：振动时间）

为进一步研究振动密实时间与静载试验沉降间的关系,结合图 5-69～图 5-78 绘制不同振动密实时间下的密实度和静载试验的沉降变化曲线,如图 5-79 所示。随着密实度的增加,静载沉降值呈现整体下降趋势,最小静载沉降值出现在密实度 0.572 附近。

由沉降变化曲线可得,随着振动密实时间增加,静载沉降值逐渐减小,在各振动密实时间组中,90s 振动密实时间对应的静载沉降量最小。

### 5.3.4　振动频率对承载特性的影响

在第 4.3.4 节的振动频率方案上进行静载试验,得到的 $p$-$s$ 曲线和位移云图,如图 5-81～图 5-86 所示。

振动频率方案方案:在振动时间为 60s、最大有效激振应力为 140kN/m² 、基床厚度为 3m,抛石粒径为 15～30cm,级配为第二种级配方案的前提下,选用的振动频率为 16Hz、21Hz、30Hz。

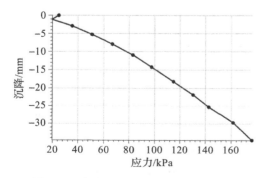

图 5-81　振频 16Hz 抛石基床 $p$-$s$ 曲线　　　图 5-82　位移变化云图(振频 16Hz)

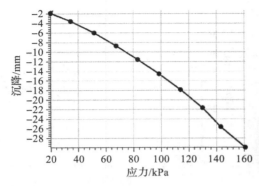

图 5-83 振频 21Hz 抛石基床 $p\text{-}s$ 曲线

图 5-84 位移变化云图（振频 21Hz）

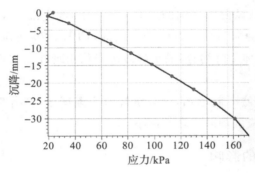

图 5-85 振频 30Hz 抛石基床 $p\text{-}s$ 曲线

图 5-86 位移变化云图（振频 30Hz）

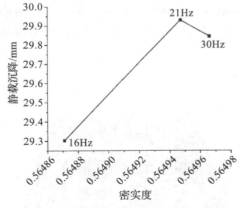

图 5-87 密实度-静载沉降变化曲线
（影响因素：振动频率）

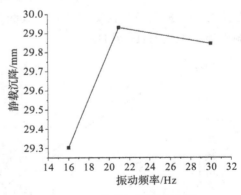

图 5-88 静载沉降拟合曲线
（影响因素：振动频率）

为进一步研究振动频率和静载试验沉降间的关系,结合图 5-81～图 5-86 绘制不同振动频率下的密实度与静载试验的沉降变化曲线,如图 5-87 所示。根据密实度-沉降变化曲线可得,随着密实度增加,静载试验的沉降值先增大后减小,但振动频率下的密实度和静载沉降值变化极小。

### 5.3.5　振动幅度对承载特性的影响

在第 4.3.5 节的激振应力方案上进行静载试验,得到的 $p$-$s$ 曲线和位移云图如图 5-89～图 5-98 所示。

激振应力方案:在振动时间为 60s、振动频率为 21Hz、基床厚度为 3m,抛石粒径为 15～30cm,级配为第二种级配方案的前提下,增加 100kPa、120kPa、140kPa、160kPa 和 180kPa 五个最大激振力方案来模拟。

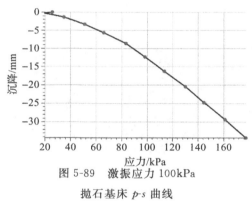

图 5-89　激振应力 100kPa
抛石基床 $p$-$s$ 曲线

图 5-90　位移变化云图
(激振应力 100kPa)

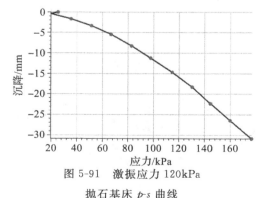

图 5-91　激振应力 120kPa
抛石基床 $p$-$s$ 曲线

图 5-92　位移变化云图
(激振应力 120kPa)

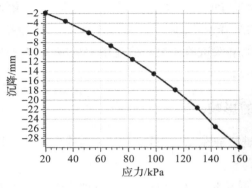

图 5-93　激振应力 140kPa

抛石基床 *p-s* 曲线

图 5-94　位移变化云图

（激振应力 140kPa）

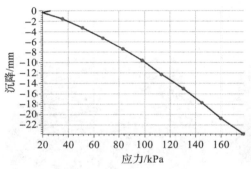

图 5-95　激振应力 160kPa

抛石基床 *p-s* 曲线

图 5-96　位移变化云图

（激振应力 160kPa）

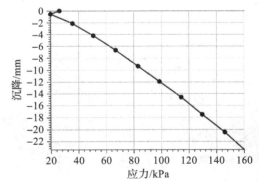

图 5-97　激振应力 180kPa

抛石基床 *p-s* 曲线

图 5-98　位移变化云图

（激振应力 180kPa）

为进一步研究有效激振应力与静载试验沉降间的关系,结合图 5-89～图 5-98 绘制不同有效激振应力下的密实度和静载试验沉降的变化曲线,如图 5-99 所示。根据曲线可得,随着密实度增加,静载沉降值整体呈现下降趋势。最小静载沉降值出现在密实度 0.562 附近。

随振动幅度增加,静载沉降值波动较大,静载沉降最小值出现在 160kPa 附近,如图 5-100 所示。

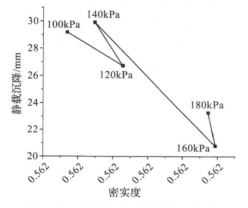

图 5-99　密实度–静载沉降变化曲线
（影响因素:激振应力大小）

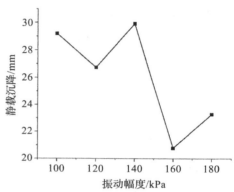

图 5-100　静载沉降拟合曲线
（影响因素:激振力大小）

### 5.3.6　抛石级配对承载特性的影响

在第 4.3.6 节的的级配方案上进行静载试验试验,得到的 $p$-$s$ 曲线和位移云图如图 5-101～图 5-106 所示。

级配方案:在振动时间为 60s、振动频率为 21Hz、最大有效激振应力为 140kPa、基床厚度为 3m,抛石粒径为 15～30cm 的前提下,选取三组级配曲线的抛石。

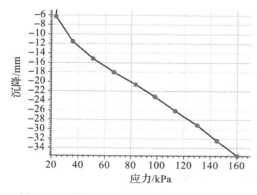

图 5-101　第一组级配下抛石基床 $p$-$s$ 曲线

图 5-102　位移变化云图（第一组级配）

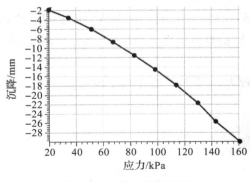

图 5-103　第二组级配下
抛石基床 $p$-$s$ 曲线

图 5-104　位移变化云图
（第二组级配）

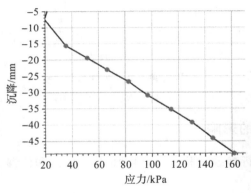

图 5-105　第三组级配下
抛石基床 $p$-$s$ 曲线

图 5-106　位移变化云图
（第三组级配）

　　根据第 4.3.6 节的级配曲线，从第一组到第三组，将同一粒径区间的块石粒径逐渐增大。为进一步研究级配和静载试验沉降间的关系，结合图 5-101～图 5-106 绘制级配与静载试验的沉降变化曲线，如图 5-107 所示。根据沉降变化曲线可得，级配与静载试验沉降值间呈二次函数关系，在同一粒径区间中，随着较大粒径抛石数目的增多，静载试验的沉降值先减小后增大。

　　对静载试验下的沉降进行数据拟合，得到如图 5-108 所示的拟合曲线 $y=0.05603-0.02936x+0.00898x^2$，其中纵坐标为静载沉降（单位：m），横坐标为级配组，由于级配曲线较难量化，因此拟合曲线横坐标无实际意义。

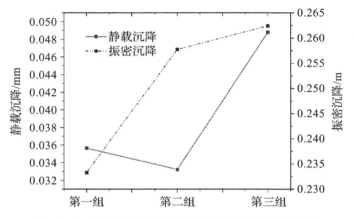

图 5-107　密实度-静载沉降变化曲线(影响因素:级配)

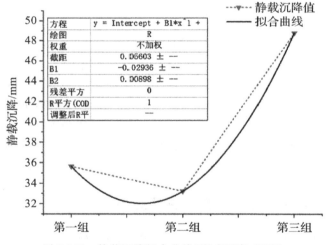

图 5-108　静载沉降拟合曲线(影响因素:级配)

### 5.3.7　振动遍数对承载特性的影响

在第 4.3.7 小节的振动遍数方案上进行静载试验,得到的 $p$-$s$ 曲线及静载沉降变化曲线如图 5-109 和图 5-110 所示。

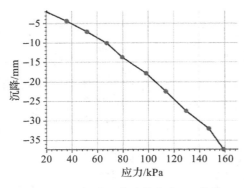

图 5-109 振动 1 遍后的基床 *p-s* 曲线

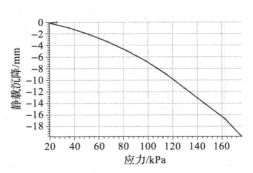

图 5-110 振动 2 遍后的基床 *p-s* 曲线

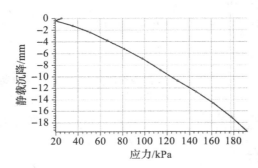

图 5-111 振动 3 遍后的基床 *p-s* 曲线

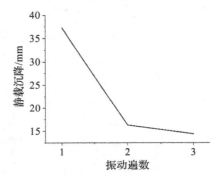

图 5-112 静载沉降变化曲线
（影响因素：振动遍数）

随着振动密实遍数增加,静载试验的沉降明显减小,且减小趋势随振动遍数的增加逐渐变小。

### 5.3.8 各影响因素对承载特性的影响

基床厚度、振动时间、振动幅度、振动次数、抛石粒径、振动频率都会对抛石基床的静载沉降产生影响,其中基床厚度、振动时间、振动幅度、振动次数等对抛石基床承载力特性影响较大;抛石粒径、振动频率等对抛石基床承载力特性影响极小,如表 5-10 所示。

表 5-10 振后密实度—静载沉降表

| 影响因素 | 变量 | 初始密实度 | 振后密实度 | 静载沉降/mm |
|---|---|---|---|---|
| | 1.66m | 0.500 | 0.550 | 12.540 |
| 基床厚度 | 3.00m | 0.525 | 0.565 | 29.931 |
| | 4.50m | 0.537 | 0.570 | 43.634 |

续表

| 影响因素 | 变量 | 初始密实度 | 振后密实度 | 静载沉降/mm |
|---|---|---|---|---|
| 振动时间 | 30s | 0.525 | 0.563 | 37.351 |
| | 45s | 0.525 | 0.564 | 33.209 |
| | 60s | 0.525 | 0.565 | 29.931 |
| | 75s | 0.525 | 0.567 | 26.727 |
| | 90s | 0.525 | 0.572 | 24.830 |
| 振动幅度 | 100kPa | 0.525 | 0.563 | 29.193 |
| | 120kPa | 0.525 | 0.567 | 26.740 |
| | 140kPa | 0.525 | 0.565 | 29.931 |
| | 160kPa | 0.525 | 0.572 | 20.793 |
| | 180kPa | 0.525 | 0.571 | 23.280 |
| | 210kPa | 0.525 | 0.574 | 22.847 |
| | 230kPa | 0.525 | 0.576 | 22.129 |
| | 250kPa | 0.525 | 0.579 | 21.966 |
| 振动次数 | 1 次 | 0.525 | 0.563 | 37.351 |
| | 2 次 | 0.525 | 0.571 | 16.311 |
| | 3 次 | 0.525 | 0.576 | 14.395 |
| 振动频率 | 16Hz | 0.525 | 0.565 | 29.303 |
| | 21Hz | 0.525 | 0.565 | 29.931 |
| | 30Hz | 0.525 | 0.565 | 29.846 |
| 抛石粒径 | 18cm | 0.524 | 0.571 | 28.346 |
| | 23cm | 0.525 | 0.565 | 29.931 |
| | 30cm | 0.519 | 0.560 | 29.330 |
| | 35cm | 0.527 | 0.560 | 29.561 |

### 5.3.8.1　振动因素对承载特性的影响

　　基床厚度和抛石粒径会影响初始密实度,因此针对初始密实度相同但对抛石基床承载力特性影响较大的振动时间、振动幅度增设试验,得到密实度与基床承载力特征的关系曲线如图 5-113 所示,拟合函数为 $y = 21.2933 + 2.91464 \times 10^{50} \times (2.36006 \times 10^{-88})^x$($x$ 为密实度,$y$ 为静载沉降,单位:mm)。

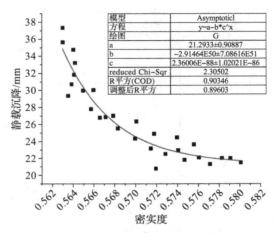

图 5-113　密实度-静载沉降变化曲线

（影响因素：振动时间、振动幅度）

　　建立相同振动遍数下的密实度和静载沉降变化曲线，如图 5-114 所示，随着密实度增加，静载沉降值降低趋势逐渐减小，密实度与静载沉降沉降间并非线性关系。拟合函数为 $y=13.89709+6.70818\times10^{7}\times(2.00927\times10^{-129})^{x}$（$x$ 为密实度，$y$ 为静载沉降，单位：mm）。

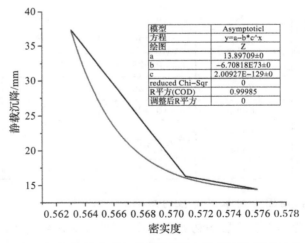

图 5-114　密实度-静载沉降变化曲线（影响因素：振动遍数）

### 5.3.8.2　抛石因素对承载特性的影响

抛石因素中，基床厚度、抛石粒径、抛石级配均会影响静载沉降，其中基床厚度对沉降影响较大,密实度-静载沉降变化曲线如图 5-115 所示,拟合函数为 $y=e^{240.83186-911.51149x+869.51531x^2}$;抛石粒径对静载沉降影响较小,且随着粒径增加,沉降变化波动较大,密实度-静载沉降变化曲线如图 5-116 所示。

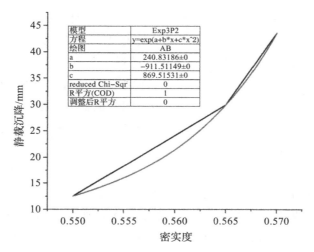

图 5-115　密实度-沉降变化曲线(影响因素:基床厚度)

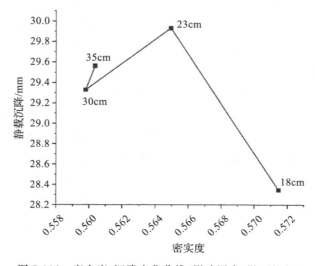

图 5-116　密实度-沉降变化曲线(影响因素:抛石粒径)

# 5.4　本章小结

本章针对基床工程抛石体,基于现场统计与数字图像技术,利用颗粒离散单元PFC2D/3D平台,分别建立了重叠圆盘填充和无重叠圆盘填充、三维随机块体(Rblock)颗粒构造方法,并利用离散单元法进行了随机细观介质的重构模拟。本章采用典型颗粒三维重构模型,探讨了抛石体细观特征对试样的强度影响,形成了完善的抛石体离散单元数值模拟体系。借助颗粒流数值模拟,分析了不同振动密实时间、振动密实幅度、振动密实次数、基床厚度、抛石粒径与振后密实度、变形模量的内在联系。具体结论如下。

(1)随着振动密实时间、振动密实幅度、振动密实次数、基床厚度、抛石粒径的增加,各影响因素下的振后密实度变化趋势有很大差异。其中,随振动密实时间增加,密实度呈现先增加后减小的趋势;随振动幅度增加,密实度呈线性增大趋势;随振动密实次数的增加,振后密实度的增大趋势逐渐减缓;随基床厚度的增加,振后密实度呈线性增大趋势;随抛石粒径平均尺寸的增大,振后密实度呈现先减小后增大的趋势。

(2)在振动时间、振动幅度、振动遍数的影响下,随密实度增加,静载沉降值呈现下降趋势;在影响因素抛石基床厚度下,随密实度增加,静载沉降值呈现上升趋势;在影响因素振动幅度下,静载沉降值变化极小;在影响因素抛石级配下,随密实度增加,静载沉降值波动极大。

(3)基床厚度、振动时间、振动幅度、振动次数、抛石级配等因素对抛石基床承载力特性影响较大。在振动时间和振动幅度的影响下,随密实度增加,变形模量逐渐增大且增大趋势逐渐减小,密实度与变形模量间并非线性关系。

综上所述,基床厚度、振动密实时间和振动密实幅度(激振力)是影响基础振动密实效果的主要因素,可通过本章总结的压实度、变形模量与基床厚度、振动密实时间、振动密实幅值(激振力)间的拟合公式进行基床振实工艺设计。

# 第6章
# 碎石基床变形特性研究

## 6.1 碎石基床材料物理力学性质试验研究

### 6.1.1 试验内容

本章通过大型三轴试验,对不同密实度碎石材料的压缩量和强度进行分析,试验结果可供工程设计和相关分析使用。试验内容包含颗粒分析试验、相对密度试验和三轴压缩试验,均按照《土工试验方法标准》(GB/T 50123—2019)进行。

### 6.1.2 颗粒分析试验

对碎石材料进行颗粒分析试验,试样采用筛分法(全料),试验筛为圆孔,孔径分别为 60mm、40mm、20mm、10mm、5mm,筛分结果显示,试验材料的颗粒粒径集中在 20~40mm 的粒组中。因级配单一,故无须绘制级配曲线。

### 6.1.3 相对密度试验

(1)试验仪器与方法

根据相关工程经验,表面振动法较符合施工的实际工况。相对密度试验采用大型相对密度试验仪,试样筒内径为 300mm,高度为 340mm,最大允许粒径为 60mm。试样顶部压重为 85.8kg(相当于 14kPa),振动频率为 50Hz。最大干密度的测定采用表面振动法,将试样均分为两份,分两层装填,每层振动 8min。最小干密度的测定采用倾注松填法。根据土粒总质量和试验体积计算试样的最小和最大干密度。

(2)试验成果

该碎石基床材料相对密度试验结果如表 6-1 所示,一组相对密度试验包含两个平行试验,并分别取其平均值作为每种材料的最大干密度和最小干密度。在试验条件下,该碎石基床材料的最小干密度为 1.358g/cm³,最大干密度为 1.721g/cm³。

表 6-1　碎石基床材料相对密度试验结果

| 碎石基床材料 | 干密度/(g/cm³) | |
|---|---|---|
| | $\rho_{max}$ | $\rho_{min}$ |
| 试验 1 | 1.723 | 1.350 |
| 试验 2 | 1.718 | 1.367 |
| 平均值 | 1.721 | 1.358 |

（3）力学试验控制干密度的确定

根据最小干密度与最大干密度计算相对密度：

$$D_r = \frac{(\rho_d - \rho_{dmin})\rho_{dmax}}{(\rho_{dmax} - \rho_{dmin})\rho_d} \tag{6-1}$$

式中,$D_r$ 为相对密度,$\rho_d$ 为天然干密度或填土的干密度（g/cm³）,$\rho_{dmax}$、$\rho_{dmin}$ 为材料的最大干密度（g/cm³）和最小干密度（g/cm³）。

选取 $D_r=0.3$、$D_r=0.72$、$D_r=1.0$ 这三个相对密度作为后续力学试验的控制干密度,干密度分别为 1.450g/cm³、1.600g/cm³、1.721g/cm³。

碎石材料的表观密度为 2600~2700kg/m³,材料强度一般大于 2MPa。

### 6.1.4　大型三轴压缩试验

（1）试验仪器与方法

大型三轴压缩试验采用 SJ－70 大型高压三轴仪,如图 6-1 所示,轴向最大出力为 250T,最大周围压力为 7MPa。试样直径为 300mm,试样高度为 700mm。试验方法为饱和固结排水剪（CD）。

图 6-1　SJ－70 大型高压三轴仪

　　试样使用对开模分五层制备，采用振动器进行振实，振动器底板静压为14kPa，振动频率为40Hz，根据试样要求的试样干密度控制振动时间。试样饱和方法采用抽气饱和法。试验采用的周围压力为0.4MPa、0.6MPa、0.8MPa，剪切应变速率控制为1mm/min。

　　(2)试验成果

　　该碎石基床材料属于粗粒土，粗粒土无凝聚力，只有摩擦角，$c_d$为咬合力。由图6-2～图6-4可知，在比较大的应力范围内，抗剪强度与法向应力之间的比例关系不是一个常数，它随应力的增加而降低，若用摩尔强度包线表示，则为向下弯曲的曲线。所以提出非线性参数，即每一个摩尔圆均通过原点，得到对应$\sigma_3$下的$\varphi$值。表6-2给出了非线性强度指标。

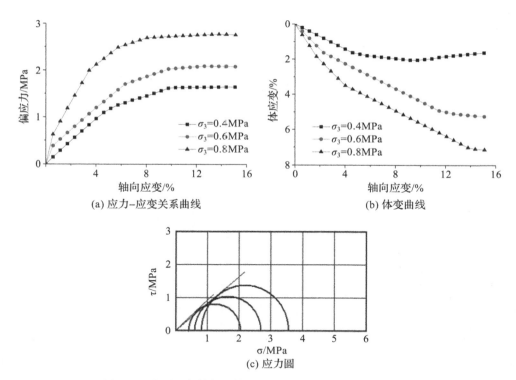

图 6-2　碎石基床材料三轴压缩试验曲线($\rho_d = 1.721g/cm^3$)

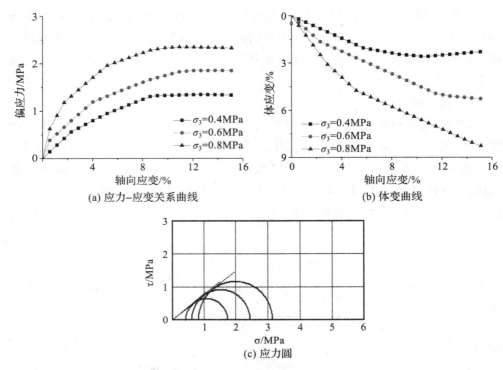

(a) 应力-应变关系曲线

(b) 体变曲线

(c) 应力圆

图 6-3  碎石基床材料三轴压缩试验曲线($\rho_d = 1.600\text{g/cm}^3$)

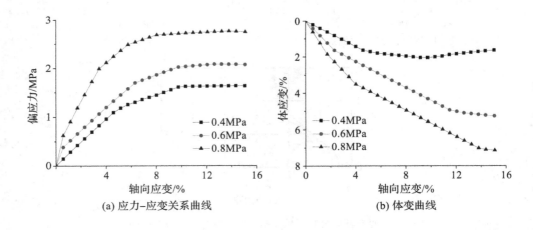

(a) 应力-应变关系曲线

(b) 体变曲线

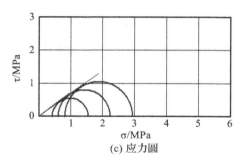

图 6-4　碎石基床材料三轴压缩试验曲线($\rho_d = 1.450\text{g/cm}^3$)

有效内摩擦角 $\varphi'$ 采用如下表达式计算：

$$\varphi' = \varphi_0 - \Delta\varphi\log(\sigma_3/P_a) \tag{6-2}$$

式中，$\varphi'$ 为非线性内摩擦角(°)；$\varphi_0$ 为围压为一个大气压时的内摩擦角(°)；$\Delta\varphi_0$ 为随压力变化的内摩擦角(°)；$\sigma_3$ 为围压，即最小主应力(MPa)；$P_a$ 为标准大气压(0.1MPa)。

表 6-2　碎石基床材料三轴压缩试验结果(CD)

| 试验用料名称 | 控制干密度 /(g/cm³) | 非线性强度指标 | | | 线性强度指标 |
|---|---|---|---|---|---|
| | | $\varphi_0$/° | $\Delta\varphi_0$/° | $c_d$/kPa | $\varphi_d$/° |
| 碎石基床材料 | 1.721 | 47.5 | 9.3 | 100 | 36.2 |
| | 1.600 | 43.6 | 7.9 | 90 | 33.8 |
| | 1.450 | 38.8 | 4.2 | 40 | 32.6 |

由试验成果可知，碎石基床材料的三轴压缩试验的应力应变关系基本呈应变硬化型，曲线形状比较接近双曲线。从体变曲线看，无明显剪胀现象，较高应力下呈剪缩特征，应力-应变分析计算采用邓肯-张模型还是合适的。表 6-3 为该碎石基床材料的邓肯-张模型参数。

表 6-3　碎石基床材料邓肯-张模型参数

| 试验用料名称 | 控制干密度 /(g/cm³) | 模型参数 | | | | |
|---|---|---|---|---|---|---|
| | | $R_f$ | $K$ | $n$ | $K_b$ | $m$ |
| 碎石基床材料 | 1.721 | 0.766 | 500 | 0.318 | 175 | 0.079 |
| | 1.600 | 0.697 | 395 | 0.253 | 140 | 0.063 |
| | 1.450 | 0.731 | 315 | 0.313 | 100 | 0.014 |

# 6.2 碎石基层承载力及压缩变形试验研究

## 6.2.1 几何原型、试验原理及缩尺比例

以港珠澳大桥为例,海中桥隧工程穿越伶仃西航道和铜鼓航道段设计为沉管隧道,总长度约为 6km。为避免基础局部高点,沉管底板受力均匀,地板和地基间设计带垄沟的碎石垫层,宽为 42m,厚为 1.5m,尺寸如图 6-5 所示。

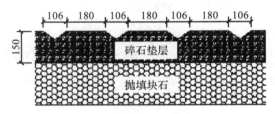

图 6-5 碎石垫层纵断面图(单位:cm)

港珠澳碎石垫层尺寸见表 6-4。

表 6-4 碎石垫层尺寸

| 名称 | 数值 |
|---|---|
| 碎石垫层厚度/m | 1.30 |
| 碎石垫层顶横向宽度/m | 42.95 |
| 单垄顶纵向宽度/m | 1.80 |
| V 型槽顶纵向宽度/m | 1.05 |
| V 型槽槽深/m | 0.35 |
| 碎石垄边坡设计坡度 | 1∶1.5(实际按自然休止角形成) |

由于原型几何尺寸较大,因此在试验室试验时必须进行几何缩尺。根据相似原理,对带垄沟的碎石垫层基床,选用坡脚 $\beta$、重度 $\gamma$、附加应力 $\sigma$、地基沉降 $s$、土体内咬合力(黏聚力)$c$、摩擦角 $\varphi$ 和地基承载力 $P$ 作为影响斜坡地基变形破坏的决定性参数,其物理方程可表示为:

$$f(\beta,\gamma,\sigma,s,c,\varphi,P)=0$$

整理成量纲统一的方程为:

$$f\left(\beta,\frac{s\gamma}{P},\frac{\sigma}{P},\frac{c}{P},\varphi\right)=0 \tag{6-3}$$

$\beta$、$\varphi$ 为无量纲量,故 $C_\beta=1$,$C_\varphi=1$,同时也有 $C_{sy}=C_P$,$C_\sigma=C_P$,$C_c=C_P$,各参数

均满足相似判据,根据相似逆定理可认为模型试验现象与原型中现象相似。以港珠澳大桥工程碎石垫层为参照原型,模型与原型尺寸的几何缩尺比例为 1:5,试验拟研究碎石垫层的变形和承载力特点,通过模型试验研究带垄沟碎石垫层地基的变形、承载力以及摩擦力等力学特性,与普通碎石垫层地基做比较,为带垄沟碎石垫层的设计和进一步应用提供试验力学基础。

### 6.2.2 试验设备及仪器确认

试验在天津大学北洋校区结构试验实验室进行。试验槽为 2cm 厚钢板焊接而成,内部尺寸为 2.0m×1.2m×1.0m(长×宽×高)。试验通过一个钢筋混凝土加载梁对碎石满铺碎石基床以及带垄沟的碎石基床进行加载,共 3 组试验。试验通过手动控制千斤顶进行加载,加载梁尺寸为 1.0m×0.4m×0.3m(长×宽×高),通过分配梁将千斤顶荷载均匀施加在加载梁长 1/3 处,千斤顶处理值通过力传感器测量。

### 6.2.3 试验设计

(1)模型制备及传感器布置

试验分有垄沟、无垄沟两种情况,共 3 次试验。无垄沟情况即为普通满铺碎石地基,称为试验 1;有垄沟情况又分为加载梁不压沟(称为试验 2,截面如图 6-6)和加载梁压沟(称为试验 3,截面图 6-7)两种。试验碎石均不重复利用,每次试验均重新制模。

试验碎石与第 5 章所用的碎石材料相同,采用的干密度为 1.6g/cm³。试验前均对碎石浸泡不低于 12h,且在试验中保持碎石浸水状态,水量通过试验槽下部预留的进、出水口控制。

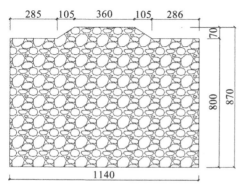

图 6-6　试验 2 模型截面尺寸(单位:mm)

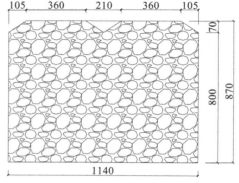

图 6-7　试验 3 模型截面尺寸(单位:mm)

　　模型采用表面振动压实法,分 4 或 5 层分层压实,压实机械为采用表面振动器。表面进行整平,用水准尺测量平整度,整平精度要求达到±25mm。装载碎石前,试验槽内壁用凡士林均匀涂抹,以减少碎石和试验槽壁之间的摩擦。加载梁底面也涂抹凡士林,降低由碎石与混凝土的摩擦引起的约束作用。混凝土加载梁内设计一定配筋,受力钢筋上安装钢筋应力计。

　　在加载梁上安装 6 块百分表,通过百分表的读数来判断每级荷载是否达到稳定并记录观测值。在模型表面和试验槽侧面安装一定数量的电子位移计,以观测试验过程中碎石的隆起变形和试验槽侧移。

　　在试验槽一侧的外壁布置 12 只电子位移计,用于测量试验槽侧向位移,位置如图 6-8 中的 1～12 标识所示。在图 6-9 中的 B、C、D 截面也设置电子位移计,加载梁上百分表及竖向电子位移计位置如图 5-9 所示。

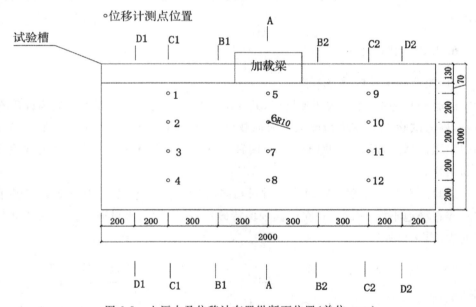

图 6-8　土压力及位移计布置纵断面位置(单位:mm)

◦位移计测点位置

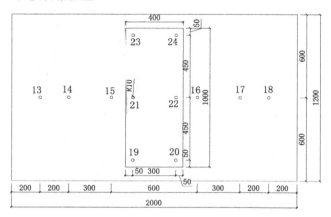

图 6-9　竖向位移计平面位置(试验俯视图,单位:mm)

　　采用中交天津港湾工程研究院自主研制的测量设备对电子位移计及钢筋应力计的输出数据进行采集,通过记录百分表读数判断本级荷载位移是否达到稳定。因采集通道较多,每次采集需要约30min。

　　一些试验准备见图 6-10~图 6-13。加载梁下存在垄沟,故采用水袋法对垄沟变形进行监测,即采用充满水的软水袋,软水袋放置于垄沟中(见图 6-13),软水袋的排水量可表示垄沟截面变形。软水袋中灌入红色墨水,以观察其在试验中的破损情况。

图 6-10　模型制备完毕等待加载

图 6-11　等待吊装加载梁

图 6-12　模型制备完毕,等待吊装

图 6-13　安装体变袋

(2)加载程序

钢筋混凝土加载梁按混凝土密度为 $2450kg/m^3$ 计算,重约 300kg,加载梁上的千斤顶、反力梁、垫板、力传感器、钢棍等重约 252kg,合计约 550kg,换算为荷载为 5.5kN。采用置零法消除这部分荷载的影响,即记录这部分荷载引起的沉降,当沉降稳定时,将所有测量数据清零再进行正式加载试验。

采用千斤顶和力传感器配合手动控制加载,加载顺序见表 6-5。

稳定标准:按土工试验规程规定,采用相对稳定法控制加载,自加荷开始,按 10min、10min、10min、15min、15min 间隔,以后每隔 30~60min 测读百分表读数,直至 1h 的沉降量不大于 0.1mm 为稳定。当千斤顶出力低于设计值 5% 时,对千斤顶进行加压补力。加载至 60kN 后再卸载至 10kN,重新加载。千斤顶出力为 300kN 时,板下荷载约为 750kPa。

表 6-5　千斤顶加载次序

| 序号 | 千斤顶出力/kN | 板下荷载/kPa |
|---|---|---|
| 1 | 10 | 25 |
| 2 | 20 | 50 |
| 3 | 60 | 150 |
| 4 | 20 | 50 |
| 5 | 10 | 25 |
| 6 | 20 | 50 |
| 7 | 60 | 150 |
| 8 | 100 | 250 |
| 9 | 140 | 350 |

续表

| 序号 | 千斤顶出力/kN | 板下荷载/kPa |
|---|---|---|
| 10 | 180 | 450 |
| 11 | 220 | 550 |
| 12 | 260 | 650 |
| 13 | 300 | 750 |

### 6.2.4　试验结果

(1)荷载-位移曲线

取 6 块百分表的沉降均值作为加载梁的沉降,并用加载梁面积作为接触面积处理荷载数据。3 次试验的荷载-位移曲线如图 6-14～图 6-17 所示。可以看出:①试验 1 和试验 3 的加载曲线吻合较好,加载过程中加载曲线基本为直线;②试验 2 在相同的荷载条件下具有较大的沉降位移,在加载到 250kPa 之前,试验 2 的沉降速率较大,但荷载达到 250kPa 后,沉降曲线趋向于与试验 1 的试验曲线平行;③3 条加载曲线在卸载时具有相同的回弹斜率。

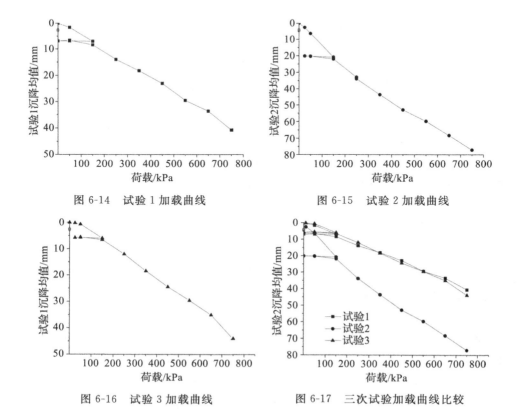

图 6-14　试验 1 加载曲线　　　　图 6-15　试验 2 加载曲线

图 6-16　试验 3 加载曲线　　　　图 6-17　三次试验加载曲线比较

应结合不同模型断面来理解试验 2 和其余两条加载曲线的差别。在试验 2 中,与加载梁直接接触的碎石表面为单垄,长度为 0.36m,此情况与无垄沟情况的接触长度为 1m 比较,接触面积小。在逐级加载过程中,随加载增加,垄沟逐渐减小,加载板与碎石基床接触面积逐渐增大,实际上存在一个将单垄沟压平的过程。图 6-14 为将试验 2 前面 9 级加载按接触面积为 0.36m×0.4m 计算的加载曲线,而在 9 级以后,假定加载梁将单垄沟压平完全与碎石接触的试验 1 加载曲线相比较,可见,在前 9 级,试验 2 的曲线斜率与试验 1 的曲线斜率吻合度较好,而在 9 级以后,试验 2 的曲线斜率与试验 1 的曲线斜率吻合也较好。这基本印证了前 9 级是加载梁逐渐将单垄沟压平与碎石完全接触的想法。

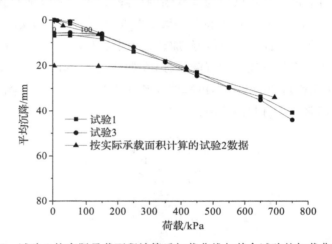

图 6-18 试验 2 按实际承载面积计算后加载曲线与其余试验的加载曲线比较

试验 1 和试验 3 中,加载梁对碎石的加载面积在初始加载阶段仅相差一个垄宽。虽然在初始阶段,加载梁与碎石的接触面积相差 20%,但其加载曲线相差不大。

(2)试验侧向位移和竖向位移测量结果

图 6-19、图 6-20、图 6-21 分别为试验 1 中测得的侧向位移、模型表面竖向位移和钢筋应力,图 6-22、图 6-23、图 6-24 分别为试验 2 中测得的侧向位移、模型表面竖向位移和钢筋应力,图 6-25、图 6-26、图 6-27 分别为试验 3 中测得的侧向位移、模型表面竖向位移和钢筋应力。

侧向位移。3 次试验中,试验槽均发生了不同程度的侧移,最大为 14mm,未超过试验槽长度的 1%,可见试验槽侧向变形对试验结果影响很小。

表面竖向位移。试验 1 中,靠近加载梁的两个位移测点 15 和 16 测得轻微竖向隆起,不超过 2mm,其余测点测得 12～15mm 的沉降位移,其大小与距加载梁的远近不敏感,表明加载梁下部碎石受力时,碎石之间咬合作用会带动周围碎石沉降。试验 2 中,靠近加载梁的两个测点 15 和 16 测得了较大的隆起位移,在 25~30mm 之间,而其余测点均为沉降位移,且和试验 1 数值接近。试验 3 中,靠近加载梁的两个测点 15 和 16 由于安装水袋,测得了竖向沉降,数值在 4~6mm,其余测点也为竖向沉降,数值在 7~13mm,与试验 1、试验 2 的数值较为接近。

试验 1 和 3 中,靠近加载梁的测点轻微隆起或发生较小沉降,试验 2 中靠近加载梁的测量隆起较大,而 3 次试验中其余测点的沉降值较为接近,说明在试验 2 的单垄沟压载试验中,垄沟的尺寸调整非常明显,原因是单垄沟与其余两种方式加载情况相比,开始阶段承载面积小,垄沟需要有较多调整才能使加载梁完全与碎石接触,导致在相同的荷载下,加载梁发生较大的沉降位移,因此其周边最近的测点 15 和 16 也隆起最为剧烈。

钢筋应力。3 次试验中,钢筋混凝凝土加载梁底部钢筋测得拉应力,顶部测得压应力,符合受"下拉上压"正弯矩的工况。单次试验中,拉筋应力(正值)比较一致,压筋应力(负值)稍离散。

在 600kPa 之前,试验 1、试验 3 的钢筋应力随荷载增加呈线性增加,且增加趋势明显;超过 600kPa 后,钢筋应力呈现非线性增长。试验 3 的钢筋拉应力在最末一级加载中急剧增加;试验 2 则在整个试验中呈现非线性增长趋势,在初始加载阶段钢筋应力增长较缓慢,此阶段恰好也是加载梁将垄沟基床压平逐渐与碎石基床完全解除的过程,此后增长速率逐渐增加,预示梁底经受了较大的拉伸变形。

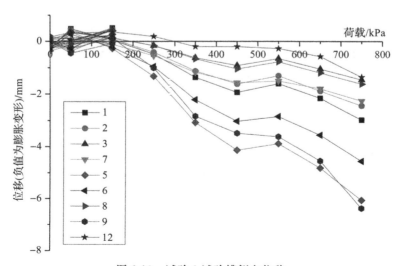

图 6-19　试验 1 试验槽侧向位移

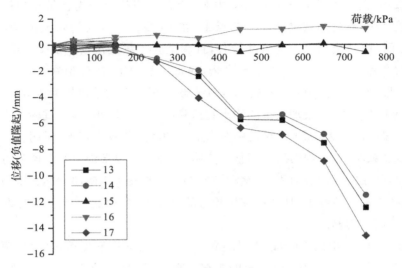

图 6-20　试验 1 模型表面竖向位移

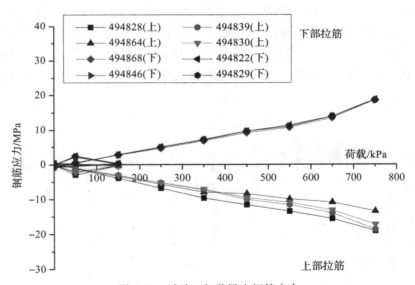

图 6-21　试验 1 加载梁中钢筋应力

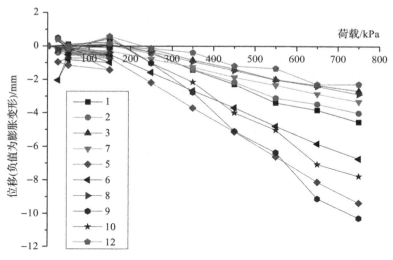

图 6-22　试验 2 试验槽侧向位移

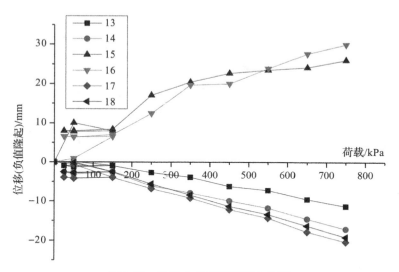

图 6-23　试验 2 模型表面竖向位移

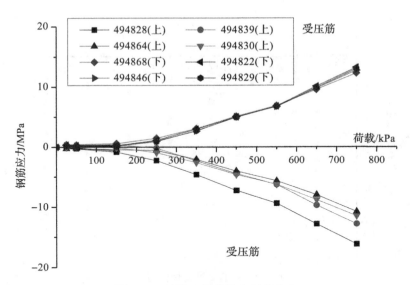

图 6-24 试验 2 加载梁中钢筋应力

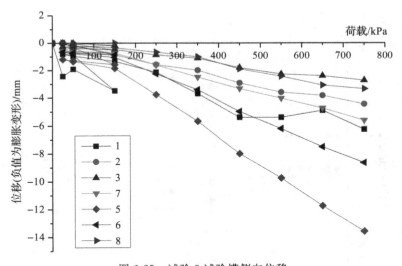

图 6-25 试验 3 试验槽侧向位移

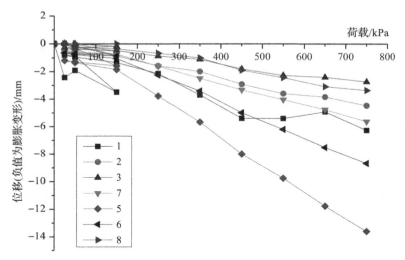

图 6-26　试验 3 模型表面竖向位移

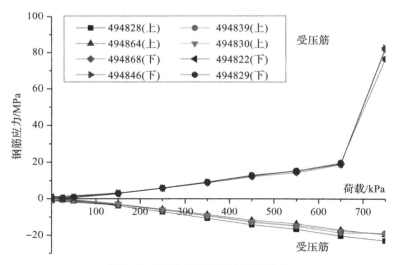

图 6-27　试验 3 加载梁中钢筋应力

　　图 6-28 是 3 次试验中拉、压钢筋的平均应力比较曲线,可见,对拉、压钢筋应力数值而言,同级荷载下,试验 2<试验 1<试验 3。600kPa 以前的线性阶段,试验 3 的拉应力比试验 1 的大 34%,试验 3 的拉应力比试验 1 的大 22%。

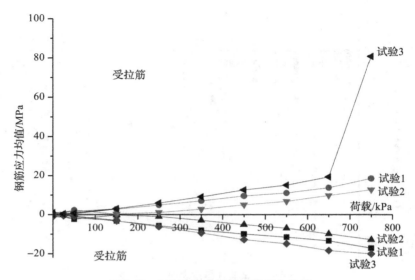

图 6-28　3 次试验中钢筋平均应力比较

　　图 6-29 为试验 3 中安装在垄沟内的水袋的排水量,可见在 500kPa 之前,水袋排水量随荷载增加呈线性增加,在卸载阶段,也基本保持了排水量不变(无水排出),说明在此荷载之前,垄沟截面积逐渐减小。而在 500kPa 之后,水袋破裂,基本无水排出,显示垄沟已被完全压平,混凝土加载梁与碎石完全接触。

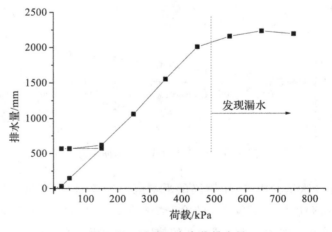

图 6-29　试验 3 中水袋排水量

　　以截面积为 73.5cm³、垄沟长度为 40cm 计算,排水量可转换为垄沟截面积变化的数据,如图 6-30 所示。可见在 500kPa 之后,垄沟截面积减水率超过 90%,此时已经到水袋中有水漏出,因此可以推测其实际截面积变化会更大,甚至已经完全压扁。

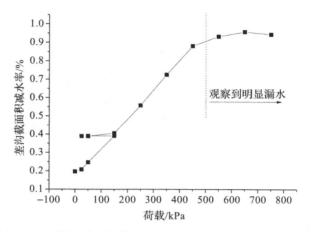

图 6-30　试验 3 中垄沟截面积变化(通过体变袋排水量换算)

(3)变形模量

根据试验,可确定碎石基床的变形模量为 $E$:

$$E = \omega(1-\mu^2)\frac{p_0 B}{s} \qquad (6\text{-}4)$$

式中,$p_0$ 为荷载试验曲线上的比例界限 $a$ 对应的荷载(kPa);$s$ 是相应于荷载曲线上 $a$ 点的沉降(cm);$\omega$ 是形状参数,对于刚性方形荷载板,$\omega = 0.88$;$\mu$ 是地基土的泊松比;$B$ 是矩形荷载的短边长。取泊松比为 0.26,得到碎石基床变形模量为 6.081MPa。

# 6.3　模型试验数值模拟

## 6.3.1　模型建立与计算参数

碎石的应力-应变关系采用邓肯-张非线性弹性模型描述较为合理,但该模型涉及参数较多,一般岩土工程计算软件中并未提供该本构模型。从大型载荷板试验的加载曲线来看,在 750kPa 的荷载下,荷载与位移基本为线性关系,因此也可采用线弹性模型来模拟碎石的应力-应变关系。这里采用 FLAC3D 有限差分软件对以上大型模型试验结果进行模拟。

利用模型的对称性,这里采取建立的模型宽度为试验模型的 1/2,即计算模型长为 2m,宽 0.6m,高度根据试验高度确定,为 0.8~0.87m。图 6-31 为建立的几何模型。

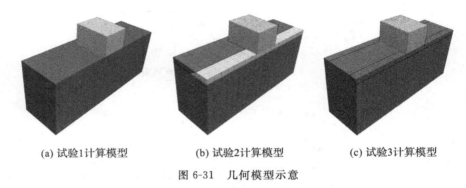

(a) 试验1计算模型　　　　(b) 试验2计算模型　　　　(c) 试验3计算模型

图 6-31　几何模型示意

对于碎石材料,取体变模量为 6GPa,剪切模量为 3GPa,摩擦角为 33°,模型中以输入黏聚力代替咬合力,取 90kPa。

由于在几何模型中容易引起计算不稳定,垄沟的材料模量取为碎石模量的 1%,且不允许其破坏,保持在弹性范围内工作。

依据《混凝土结构设计标准》(GB/T 50010—2010),加载梁弹性模量取 32.5GPa,泊松比为 0.2。

考虑模型实际约束条件,计算模型底边界约束水平向和竖向位移,侧向边界约束侧向位移。

### 6.3.2　计算结果

(1)加载曲线

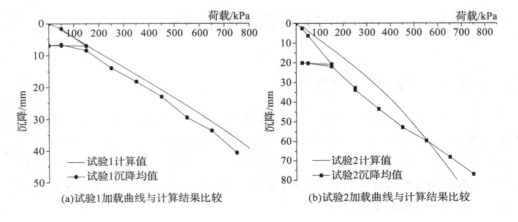

(a)试验1加载曲线与计算结果比较　　　　(b)试验2加载曲线与计算结果比较

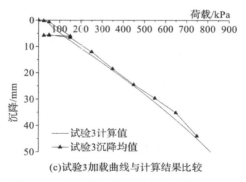

(c)试验3加载曲线与计算结果比较

图 6-32　试验荷载-位移曲线与计算的比较

图 6-32 为 3 次试验的加载曲线与计算结果比较。可见试验 1 和试验 3 的计算结果与试验中加载曲线吻合较好,试验 2 的计算加载曲线与试验曲线差别较大。在实际工程中,试验 2 不压垄沟的情况不多见,大多采用试验 1 和试验 3 中满铺碎石基床、压一道或是多道垄沟碎石基床的情况,因此可以认为所采用的数值计算方法能满足分析试验 1 和试验 3 所代表的工况的需要。

(2)位移云图

图 6-33 为此试验的计算位移云图,因程序中约定向下位移为负值,所以云图中显示沉降为负值。

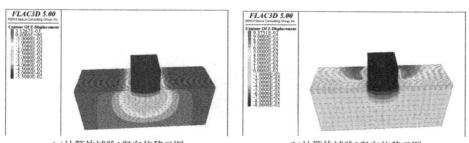

(a)计算的试验1竖向位移云图　　　　　　(b)计算的试验2竖向位移云图

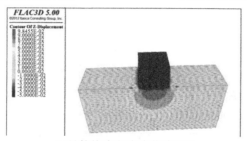

(c)计算的试验3竖向位移云图

图 6-33　计算的竖向位移云图

图 6-33(a)是试验 1 的整体位移云图,可见混凝土加载梁整体竖向沉降均匀,呈扇形分布;加载梁下竖向沉降云图均匀对称,随深度增加,沉降逐渐减小。云图中邻近加载梁的模型表面两侧发生沉降,其余部分发生轻微隆起。这与试验过程中在模型表面测得的轻微沉降有差别。

试验 2 的整体位移云图 6-29(b)和试验 3 的整体位移云图 6-33(c)显示的规律与试验 1 的整体位移云图基本一致,不同的是试验 2 中的邻近加载梁的垄沟填充部分有较大的隆起位移,这是由于采用了较小的模量。如前所述,为保证计算的稳定性,垄沟部分采用了碎石模量的 1%,使加载梁下的垄沟变形不受约束,垄沟部分基本不承担压力。但在加载梁未压到的垄沟部分,则会因为垄沟材料的低模量受到周围碎石材料的变形挤压而产生较大的隆起变形。

(3)竖向应力云图

图 6-34 为计算试验 1 的竖向应力云图,可见在混凝土加载点处,由于应力的集中作用,应力较大,通过加载梁传递到梁底的应力较为均匀。

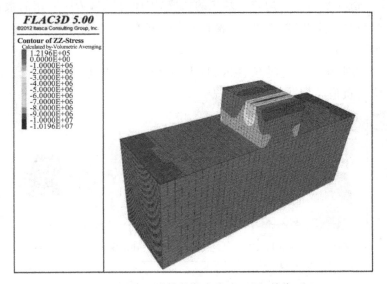

图 6-34　试验 1 计算的竖向应力云图(单位:Pa)

图 6-35(a)和图 5-35(b)为试验 1 和试验 3 中碎石部分的竖向应力云图,可见碎石与加载梁接触的部分应力分布均匀且对称分布,加载梁以下,应力随深度的增加逐渐减小。在试验 1 的云图中,加载梁端部和碎石基床接触地方有应力集中,这是因为加载端部对碎石侧向位移有一定的约束。而在试验 3 的云图中,加载梁和垄沟接触部位存在应力集中现象,这是因为垄沟的存在形成了应力集中现象。

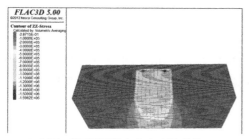
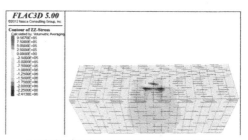

(a)试验1碎石模型竖向应力云图(单位:Fa)　　(b)试验2碎石模型竖向应力云图(单位:Pa)

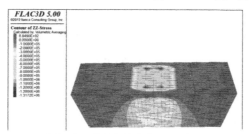

(c)试验3碎石模型竖向应力云图(单位:Pa)

图 6-35　碎石模型竖向应力云图

# 6.4　原型垄沟基床试验结果

上述试验进行了缩尺处理,比例为 1∶5。为了解原型垄沟基床试验结果,可直接将模型试验结果进行转化,处理成原型试验数据。因为在以上分析中数值模拟对试验 1 和试验 3 结果模拟较好,这里采用数值模拟方法给出原型试验结果,具体做法为将原型几何尺寸增大 5 倍。

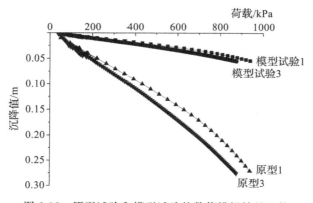

图 6-36　原型试验和模型试验的数值模拟结果比较

图 6-36 为荷载-沉降曲线的计算结果,可以看出,原型试验曲线与模型试验曲线的变化规律一样,且在同级荷载下,原型试验的沉降值为模型试验的 5 倍,故原型位移云图中位移大小也是试验位移云图中位移的 5 倍。因为材料模量保持不变,所以原型应力云图与模型试验应力云图大小一致,对此不一一附图说明。

# 6.5　本章小结

本章对所选用的级配在 $20 \sim 40\text{mm}$ 的碎石进行了密度试验和三轴剪切试验,对满铺和带垄沟的碎石基床进行了 3 次荷载试验研究,研究了其变形特点,并建立了数值模拟方法。

(1)所选碎石最小干密度、最大干密度分别为 $1.450\text{g/cm}^3$、$1.721\text{g/cm}^3$。控制碎石干密度分别为 $1.450\text{g/cm}^3$、$1.600\text{g/cm}^3$、$1.721\text{g/cm}^3$,对其三轴压缩试验表明,碎石压缩曲线符合双曲线分布,可用邓肯-张模型进行模拟,剪切强度具有非线性特征,骨料之间具有咬合力。在较低应力水平下,碎石呈轻微剪胀,在较高应力水平下,碎石呈剪缩状态。

(2)在 3 次试验中,加载位移和荷载呈线性变化,说明碎石基床处于压密的弹性阶段,在 $750\text{kPa}$ 的压力下,基床并未发生塑性变形。

(3)在弹性阶段,带垄沟碎石垫层与满铺碎石垫层的荷载位移曲线基本一致,可以认为垄沟对基床力学性质没有显著影响,两者的承载力也应一致。但带垄沟碎石基床具有"降低整平度"的功能,因此其施工优势显著。

(4)试验测得碎石基床变形模量为 $6.081\text{MPa}$。

(5)数值分析中垄沟部分的模量取为较小量(碎石模量 $1\%$),这保证了数值分析的稳定性。计算结果与试验符合较好,验证了数值模拟方法的合理性。

(6)在加载梁荷载作用下,垄沟截面积随荷载增加而线性减少,在超过 $500\text{kPa}$ 后,垄沟逐渐被压平。

(7)满铺情况下和带垄沟情况下的加载梁钢筋拉、压应力在 $600\text{kPa}$ 前线性增长。在 $600\text{kPa}$ 前的同荷载级别下,压垄沟情况下钢筋拉、压应力比满铺情况下的钢筋拉、压应力分别大 $30\%$ 和 $20\%$。

(8)在满铺碎石的情况下,加载梁与碎石接触面应力分布较为均匀,加载梁端部下方对碎石有约束作用,产生了应力集中现象。而在加载梁下存在垄沟时,应力集中出现在加载梁与垄沟的位置。

# 第7章
# 沉管隧道监测数据反演分析

## 7.1 瞬时沉降现象及其在工程中的影响

### 7.1.1 瞬时沉降现象

综合地质纵剖面图和工程地质剖面图,整个隧道沉管段底板持力层跨越了数个不同的工程地质单元层,场地内有大面积的软土分布,软土层与下伏地层强度变化较大,沉管段基础为不均匀地基。

沉管隧道邻近人工岛暗埋段的地基下部地层主要为流塑黏土层和软塑黏土层,厚度大,采用高压旋喷改良地基方式进行基础处理。沉管隧道 E1S3～E6、E30S4～E33S6 隧道底板埋深由浅至深,底板下地层分布有能满足承载力要求的土层,采用挤密砂桩方案进行地基处理。沉管隧道 E7～E30S3 隧道底板埋深起伏变化相对较小,底板下地层均为满足承载力要求的非软土层,采用天然地基基础方案。具体处理方式如表 7-1 所示。

表 7-1 沉管隧道地基处理方式汇总表

| 节段 | 地基处理方式 |
|---|---|
| E1S1～E1S2 | 高压旋喷改良地基 |
| E1S3～E4S3 | 挤密砂桩＋水下堆载预压 |
| E4S4～E6 | 高置换率挤密砂桩 |
| E7～E30S3 | 天然地基 |
| E30S4～E31S3 | 高置换率挤密砂桩 |
| E31S4～E33S6 | 挤密砂桩＋水下堆载预压 |
| E33S7～E33S8 | 高压旋喷改良地基 |

　　港珠澳大桥海底沉管隧道采用组合机床基础,首先在地基上进行深基槽开挖,到达持力层深度后在该层上抛填块石,然后利用带有液压振动锤的整平船对块石进行夯平,以消除开挖基槽时的施工扰动,最后在此夯平层上铺设带垄沟的碎石垫层,形成组合基床后安放沉管。

　　根据港珠澳大桥海底沉管隧道沉降数据显示,在沉管安放完成后,每当沉管上部施工导致荷载增加时,沉管隧道都会发生明显的沉降,而当沉管隧道无工程作业时,沉管隧道沉降基本保持稳定。沉管安放完成后都要经过锁定回填、管顶回填和压舱混凝土等施工过程,从不同管节的沉降监测资料上看,每当沉降量明显增大时,都处于沉管进行回填或上部荷载增加的工况。根据这一现象,可以判定沉管安放以及回填施工时,有沉降发生。

　　土木工程领域对基础沉降的计算有着数百年历史,其中对瞬时沉降的计算也由来已久,顾名思义,荷载施加后很短时间内地基产生的沉降为瞬时沉降。沉管隧道瞬时沉降应既包括散粒体颗粒的重新排列和压密,又包括土体来不及排水、土体形状发生变化时的弹性形变。

## 7.1.2　沉管隧道瞬时沉降机理分析

　　根据沉管隧道瞬时沉降现象,考虑沉管安放时间对沉管隧道沉降量的影响,选取沉降已较为稳定的 E15 之前管节,选取管节从安装到 2016 年 1 月 31 日的沉降量进行分析,由于 E1 和 E2 管节地质情况和上部荷载变化复杂,本次计算先不考虑其瞬时沉降情况。按照施工日志里的施工顺序,将施工期内的管节沉降数据进行剥离,各管节选取前、中、后位置的代表节段 S1、S5、S8 进行分析。

　　在对各个管节的瞬时沉降量进行统计时,按照施工组织设计要求,沉管隧道沉放的安装完成要先后经历锁定回填、顶部回填、压舱混凝土以及部分管节防撞回填施工。为便于分析沉降量,将施工期内沉管隧道产生的沉降量按瞬时沉降考虑,由于施工工期较长,此种考虑方法将导致瞬时沉降量偏大。表 7-2 为各个管节节段在不同施工工况下施工期内的瞬时沉降汇总情况,包含各管节节段瞬时沉降量、各节段施工期瞬时沉降量以及总沉降量。

表 7-2　典型管节瞬时沉降汇总表

| 管节 | 节段 | 锁定回填/mm | 顶部回填/mm | 压仓混凝土/mm | 瞬时沉降/mm | 所占比例/% | 监测总沉降/mm |
|---|---|---|---|---|---|---|---|
| E3 | S1 | 10 | 20 | 14+0 | 44 | 67.7 | 65 |
| | S5 | 10 | 19 | 14+1 | 44 | 75.9 | 58 |
| | S8 | 10 | 14 | 13+0 | 37 | 59.7 | 62 |

| 管节 | 节段 | 锁定回填/mm | 顶部回填/mm | 压仓混凝土/mm | 瞬时沉降/mm | 所占比例/% | 监测总沉降/mm |
|------|------|------------|------------|--------------|------------|-----------|---------------|
| E4 | S1 | 7 | 27 | 24 | 58 | 82.9 | 70 |
|    | S5 | 8 | 20 | 23 | 51 | 79.7 | 64 |
|    | S8 | 8 | 30 | 25 | 63 | 81.8 | 77 |
| E5 | S1 | 11 | 29 | 20 | 60 | 82.2 | 73 |
|    | S5 | 13 | 19 | 10 | 42 | 80.8 | 52 |
|    | S8 | 15 | 25 | 18 | 58 | 89.2 | 65 |
| E6 | S1 | 15 | 20 | 8 | 43 | 70.5 | 61 |
|    | S5 | 13 | 15 | 5 | 33 | 78.6 | 42 |
|    | S8 | 15 | 15 | 5 | 35 | 59.3 | 59 |
| E7 | S1 | 11 | 21 | 5 | 37 | 64.9 | 57 |
|    | S5 | 12 | 18 | 6 | 36 | 83.7 | 43 |
|    | S8 | 12 | 21 | 3 | 36 | 59.0 | 61 |
| E8 | S1 | 8 | 25 | 4 | 37 | 74.0 | 50 |
|    | S5 | 8 | 23 | 4 | 35 | 83.3 | 42 |
|    | S8 | 8 | 27 | 4 | 39 | 65.0 | 60 |
| E9 | S1 | 20 | 25 | 5 | 50 | 83.3 | 60 |
|    | S5 | 12 | 17 | 7 | 36 | 90.0 | 40 |
|    | S8 | 7 | 24 | 3 | 34 | 72.3 | 47 |
| E10 | S1 | 9 | 20+0 | 2 | 31 | 66.0 | 47 |
|     | S5 | 7 | 14+0 | 3 | 24 | 63.2 | 38 |
|     | S8 | 5 | 2+10 | 1 | 18 | 45.0 | 40 |
| E11 | S1 | 8 | 20 | 3 | 31 | 75.6 | 41 |
|     | S5 | 13 | 22 | 5 | 40 | 93.0 | 43 |
|     | S8 | 7 | 26 | 1 | 34 | 68.0 | 50 |
| E12 | S1 | 9 | 21 | 7 | 37 | 90.2 | 41 |
|     | S5 | 11 | 18 | 3 | 32 | 91.4 | 35 |
|     | S8 | 8 | 16 | 3 | 27 | 67.5 | 40 |
| E13 | S1 | 15 | 20 | 1 | 35 | 77.8 | 45 |
|     | S5 | 15 | 13 | 1 | 29 | 90.6 | 32 |
|     | S8 | 5 | 17 | 1 | 23 | 69.7 | 33 |
| E14 | S1 | 11 | 16+1 | 2 | 30 | 75.0 | 40 |
|     | S5 | 12 | 6+6 | 1 | 25 | 78.1 | 32 |
|     | S8 | 12 | 1+28 | 1 | 42 | 75.0 | 56 |
| E15 | S1 | 15 | 17 | 7 | 39 | 92.9 | 42 |
|     | S5 | 12 | 20 | 7 | 39 | 95.1 | 41 |
|     | S8 | 11 | 29 | 2 | 42 | 84.0 | 50 |

图 7-1 是根据沉管隧道各节段施工期瞬时沉降量的计算分析所做的瞬时沉降折线图,可知隧道瞬时沉降量和监测总沉降量的变化趋势大体一致,天然地基段总沉降量略小于挤密砂桩段,这也是挤密砂桩段沉管底部黏土层较厚导致的。图 7-2 是根据施工期范围内瞬时沉降的数据所做的沉降统计分析,E4 和 E5 管节瞬时沉降量较大,达到了 60mm,这是由管节频繁施工所致;E10S8 节段瞬时沉降量较小,仅有 18mm。

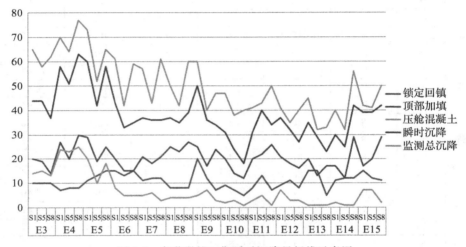

图 7-1　各节段施工期瞬时沉降量折线示意图

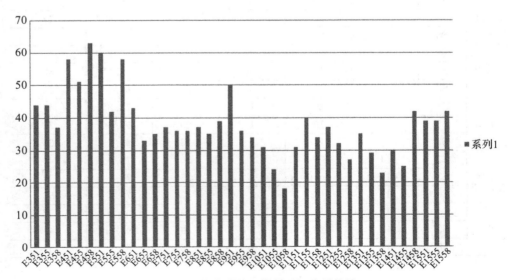

图 7-2　各节段施工期瞬时沉降量统计

图 7-3 为沉管隧道各节段在施工期内监测到的总瞬时沉降量与监测总沉降量的比例关系柱状图，根据计算结果，天然地基段瞬时沉降占总沉降比例稍大，E9S5、E11S5、E12S1、E12S5、E13S5、E15S1 和 E15S5 占比达到总沉降的约 90%；E3S8、E6S5、E7S8 和 E10S8 所占比例较小，占比达到总沉降的 60%。天然地基段瞬时沉降占比稍大由两方面原因造成：一方面，天然地基段黏土层较薄，在上部荷载未超过前期固结压力时，地基沉降主要表现为瞬时沉降；另一方面，由于天然地基段沉管安放时间较短，除瞬时沉降外的回弹再压缩以及蠕变和次固结等还未充分发生，随着时间的增加，沉降量会逐渐增大，瞬时沉降量所占比例将逐渐下降。图 7-4 为平均各沉管隧道不同节段施工期内监测的总瞬时沉降量得到的管节总瞬时沉降量与监测总沉降量的比例关系柱状图，通过图例可以知道，瞬时沉降量约为总沉降的 70%～80%，E15 管节瞬时沉降量占比较大，约为 90%，分析其原因，主要为沉管安放时间较短，地基基础的回弹再压缩以及次固结还未完全发生。

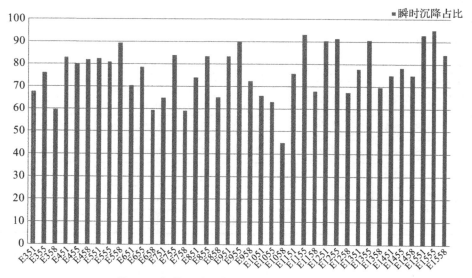

图 7-3　各节段施工期瞬时沉降量占比柱状图

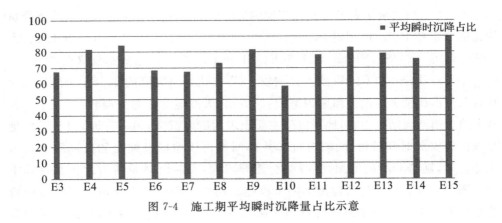

图 7-4　施工期平均瞬时沉降量占比示意

### 7.1.3　港珠澳大桥海底沉管隧道瞬时沉降分析

为获取组合基床设计参数以及沉降特性,下面进行碎石垫层荷载试验。试验考虑了碎石级配、碎石垫层铺设厚度、碎石垄构造尺寸、碎石垫层基底材料等因素对碎石垫层沉降的影响。各沉管隧道管节的碎石垫层沉降量如表 7-3 所示,统计典型沉管隧道管节安放 1 年内沉降量以备分析。

表 7-3　沉管隧道碎石垫层沉降汇总表

| 管节 | 节段 | 荷载/kPa | 碎石垫层沉降/mm | 沉管安放 1 年内监测总沉降量/mm | 所占比例/% |
|------|------|---------|----------------|------------------------------|-----------|
| E4 | S1~S3 | 47.2 | 26.01 | 53.0 | 49.1 |
|    | S4~S8 | 47.2 | 26.01 | 52.0 | 49.5 |
| E6 | S1~S8 | 47.2 | 26.01 | 52.5 | 49.1 |
| E12 | S1~S8 | 47.2 | 26.01 | 40.0 | 65.0 |
| E15 | S1~S8 | 47.2 | 26.01 | 42.0 | 61.9 |

由计算结果可知,碎石垫层的沉降是沉管隧道沉降的主要组成部分。沉管隧道碎石垫层的沉降量随荷载的增大呈线性增加。通过对沉管隧道碎石垫层沉降量以及沉管安放 1 年内沉降量的分析,组合基床中碎石垫层的沉降量占挤密砂桩段沉管安放 1 年期内沉管隧道监测总沉降量的约 49%,占天然地基段沉管安放 1 年期内沉管隧道监测总沉降量的约 61%。

为研究不同处理方式的沉管隧道基础沉降特性,进而为沉管隧道施工提供沉降变形数据依据,我们进行了港珠澳大桥海底沉管隧道基础深水载荷试验。试验获得了不同荷载级别作用下(60kPa/100kPa)不同处理方式的隧道基础沉降量。

　　根据对沉管隧道深水载荷试验沉降时程曲线的统计分析发现,试验总沉降量的 80% 是在荷载施加后的 10~15min 内完成的,沉降量的 90%~95% 是在荷载施加之后的 2h 内完成的,且沉降速率很快。最后 5% 的沉降量也在荷载施加后的 5~6h 基本完成。

　　碎石垫层在不同荷载作用下的瞬时沉降量可以根据碎石垫层物理模型试验 $s$-$t$ 曲线推求。综合沉管隧道深水载荷试验沉降数据,各试验点沉降数据如表 7-4 所示。

表 7-4　沉管隧道深水载荷试验沉降汇总表

| 荷载/kPa | 管节 | 水下载荷试验总沉降量/mm | 对应荷载的碎石垫层模型试验沉降量/mm | 地基基础瞬时沉降量/mm |
|---|---|---|---|---|
| 60 | E12 | 32.58 | 33 | 1.78 |
| | E4 | 44.99 | 33 | 1.62 |
| | E4 | 33.69 | | |
| | E6 | 32.36 | | |
| | E6 | 32.13 | | |
| 100 | E15 | 68.2 | 55 | 3.0 |
| | E15 | 71.3 | | |
| | E12 | 60.8 | | |
| | E12 | 83.6 | | |
| | E4 | 72.8 | 55 | 2.7 |
| | E4 | 88.8 | | |
| | E6 | 77.1 | | |

　　由表 7-4 可知,沉管隧道瞬时沉降由对应荷载作用下的碎石垫层沉降量与地基基础瞬时沉降量共同组成。

　　港珠澳大桥海底沉管隧道天然地基段各个管节瞬时沉降量如表 7-5 所示,可知挤密砂桩段地基基础瞬时沉降稍小于天然地基段瞬时沉降,这是由于天然地基段下部分布了厚度不等的黏土层,而黏土层的瞬时沉降量大于砂土层,虽然挤密砂桩段地基也存在厚度不一的黏土层,但已经形成挤密砂桩复合地基,极大地减小了由于黏土层存在而产生的瞬时沉降。

表 7-5　沉管隧道各个管节瞬时沉降量统计表

| 管节 | 沉管隧道监测瞬时沉降量/mm | 沉管隧道计算瞬时沉降/mm | 监测总沉降量/mm | 计算瞬时沉降占比/% |
|---|---|---|---|---|
| E3 | 41.7 | 30.6 | 62.7 | 48.8 |
| E4 | 57.3 | 30.5 | 67 | 45.5 |
| E5 | 53.3 | 30.7 | 58.6 | 52.4 |
| E6 | 37 | 30.8 | 59.7 | 51.6 |
| E7 | 36.3 | 30.4 | 49.1 | 63.0 |
| E8 | 37 | 31.5 | 48.8 | 64.6 |
| E9 | 40 | 31.7 | 48.9 | 64.8 |
| E10 | 24.3 | 31.8 | 47.5 | 67.0 |
| E11 | 35 | 31.5 | 47.3 | 66.6 |
| E12 | 32 | 31.8 | 47.2 | 67.4 |
| E13 | 29 | 31.6 | 47.1 | 67.1 |
| E14 | 32.3 | 31.4 | 47.2 | 66.5 |
| E15 | 40 | 32.7 | 47.5 | 68.9 |

在施工荷载(47.2kPa)作用下,碎石垫层发生 26.01mm 沉降,地基基础产生 4.9～6.7mm 的瞬时沉降。计算瞬时沉降量占监测总沉降量的 48.8%～68.9%,相比监测瞬时沉降量占监测总沉降量的 70%～80% 略小,一个原因是监测瞬时沉降量时选取的是施工期内的一段时间,这段时间内不可避免地存在一定程度的回弹再压缩、下卧层的固结沉降或者次固结沉降,使得监测瞬时沉降量取值稍大;另一个原因就是在瞬时沉降的理论计算时,由于理论存在一定的假设,加上计算参数的选取也存在一定程度的误差,导致理论计算值偏小。

### 7.1.4　沉管隧道瞬时沉降控制措施探讨

根据沉管隧道监测资料、碎石垫层物理模型试验载荷试验以及深水载荷试验,计算瞬时沉降量占监测总沉降量的 48.8%～68.9%,监测瞬时沉降量占监测总沉降量的 70%～80%,可知减少瞬时沉降发生是控制沉管隧道沉降的关键,而组合基床的瞬时沉降是沉管隧道瞬时沉降的重要组成部分。

港珠澳大桥海底沉管隧道采用深基槽开挖后组合基床上安放沉管的形式,选取合理的碎石级配,并控制带垄沟的碎石垫层施工质量,是控制组合基床瞬时沉降的重要措施,有条件的话可以对碎石垄沟进行预压处理。

沉管隧道瞬时沉降是港珠澳大桥海底沉管隧道总沉降的重要组成部分,合理地控制沉管隧道的瞬时沉降有助于减少沉管隧道的总沉降并保证沉管隧道的安全。根据计算分析,主要由沉管隧道碎石垫层沉降和地基基础瞬时沉降组成。碎石垫层沉降量可由物理模型试验获取,而沉管隧道地基基础瞬时沉降可由规范公式计算获得。组合基床瞬时沉降可以通过对碎石垄沟进行预压处理、选取合理的碎石级配以及良好的垄沟碎石垫层施工质量得到控制。

# 7.2  深基槽开挖隆起再压缩规律分析

## 7.2.1  回弹再压缩沉降计算方法

港珠澳大桥海底沉管隧道深基槽开挖时,从海底泥面深挖 15~20m 后至黏土夹砂层或砂层作为沉管隧道基础持力层,相当于将沉管隧道地基基础土体上部荷载移除。由于基础持力层承受上部泥土和海水荷载,地基土将不可避免地发生土体回弹;当施工进一步进行,组合基床施工、沉管安放、回填以及回淤发生后,地基土体上部荷载逐渐增大后将发生土体再压缩。

地基的回弹再压缩计算主要有理论计算和数值模拟两种计算方法。传统的沉降分析理论采用将开挖卸荷当作等量卸载问题进行分析,利用布辛尼斯克公式或明德林公式,将问题转化为均布荷载作用在一定深度内或半空间表面上产生的沉降来进行回弹或沉降量计算,通过传统勘察手段和室内试验获取土体参数,然后利用传统的分层总和法与弹性理论等常规方法计算回弹再压缩沉降量。这种方法是计算回弹再压缩的常用方法,但需获得可信的计算参数。另一种数值模拟计算方法易于操作,通过试验手段获得不同受力情况下土体的变形模量,确定土体的弹性模量是一个非常复杂的问题,这直接影响地基的变形量计算的准确性。

分层总和法是目前最常用的地基回弹再压缩沉降量的计算方法,根据《土工原理与计算》一书所述,地基土体仅受上部荷载再压缩作用,此时计算地基土沉降应使用黏土土体的再压缩后孔隙比变化值。此参数取值可在《隧道区工程地质勘察报告》中获得。

## 7.2.2  回弹再压缩计算分析

本节针对港珠澳大桥海底沉管隧道天然地基的 E7~E15 管节,运用分层总和法对沉管隧道地基基础的回弹再压缩沉降量进行理论计算。由于复合地基已经经过各种施工工艺的加固,所以不存在地基的回弹再压缩问题,故本节也不再考虑。

根据港珠澳大桥隧道区工程地质勘察报告以及相关设计文件所述,天然地基基础和组合基床直接分别作用在砂层以及黏土层上,对于地基基础作用在砂层上的管节,可认为地基土体是由 40m 砂层构成,如 E10 管节、E11 管节、E12 管节和 E13 管节。E7 管节、E8 管节、E9 管节、E14 管节和 E15 管节虽然也采用天然地基基础,但组合基床作用在 3.5～5m 原的黏土层上,下部由 35m 砂层构成。计算时黏土再压缩情况下孔隙比的变化情况见《隧道区工程地质勘察报告》。根据工程地质勘察报告,收集天然地基基础各管节对应的静力触探CPTU参数和标准贯入试验的标贯击数,根据公式计算地基基础沉降量见表7-6。

表 7-6　地基沉降理论计算表

| 管节 | 土层情况 | $N_{63.5}$标贯击数/N | 弹性模量/MPa | 开始监测日期 | 回弹再压缩沉降/mm |
|---|---|---|---|---|---|
| E7 | 5m 黏土＋35m 砂层 | 28.5 | 199.5 | 2013-12 | 9.6 |
| E8 | 5m 黏土＋35m 砂层 | 25.3 | 177.1 | 2014-01 | 10.3 |
| E9 | 5m 黏土＋35m 砂层 | 24.4 | 170.8 | 2014-02 | 10.5 |
| E10 | 40m 砂层 | 24.2 | 169.4 | 2014-03 | 7.6 |
| E11 | 40m 砂层 | 25.2 | 176.4 | 2014-07 | 7.2 |
| E12 | 40m 砂层 | 24.2 | 169.4 | 2014-08 | 7.4 |
| E13 | 40m 砂层 | 24.9 | 174.3 | 2014-09 | 7.2 |
| E14 | 5m 黏土＋35m 砂层 | 26.0 | 182.0 | 2014-10 | 9.9 |
| E15 | 5m 黏土＋35m 砂层 | 20.7 | 144.9 | 2015-03 | 11.2 |

根据计算分析,沉管隧道天然地基基础管节的回弹再压缩量为 7.2～11.2mm;砂土回弹再压缩沉降小于黏土回弹再压缩沉降。根据理论分析,地基土的瞬时沉降其实是地基土回弹再压缩特性中表现为弹性形变的部分,即地基土瞬时沉降应为基槽开挖回弹再压缩的一部分。

### 7.2.3　沉管隧道瞬时沉降与回弹再压缩

根据港珠澳大桥海底沉管隧道沉降监测数据显示,在沉管安放完成后,每当沉管上部施工导致荷载增加时,在沉管监测的沉降-时间曲线上都会发生明显沉降,而当沉管隧道施工作业完成后,沉管隧道沉降速率缓慢且沉降量较小。沉管安放完成后都要经过锁定回填、管顶回填和压舱混凝土施工这些施工过程,从不同管节的沉降监测资料上看,每当沉降量明显增大时,都是沉管进行回填或上部荷载增加的工况,根据这一现象,可以判定沉管安放以及回填施工时,有瞬时沉降发生。

施工完成一段时间后,沉降-时间曲线呈现缓慢下降趋势,沉降速率较缓且沉降量较小,随时间推移逐渐趋于稳定。根据地质勘察结果,地基持力层土处于超固结状态,地基上部荷载并未超过地基土的前期固结压力,持力层土体并未发生正常固结沉降,所以经过分析此段沉降-时间曲线呈现的是地基基础的回弹再压缩沉降。

本节拟根据沉管隧道监测值数据、碎石垫层物理模型试验及沉管隧道深水载荷试验对沉管隧道瞬时沉降量以及回弹再压缩沉降量进行计算分析。根据分析可知,沉管隧道现阶段沉降由荷载施加短期时间内的瞬时沉降、荷载施加一段时间后的回弹再压缩组成。所以沉管隧道的回弹再压缩量应为总沉降量与瞬时沉降量的差值。

选取港珠澳大桥长为 180m,宽为 37.95m 的隧道单一管节为研究对象,根据设计要求和施工记录大部分沉管隧道管节的组合基床上部荷载为 47.2kPa,计算其碎石垫层沉降和荷载的附加应力作用下地基基础的瞬时沉降。各管节瞬时沉降量计算结果如表 7-7 所示。

表 7-7　沉管隧道各个管节瞬时沉降量统计表

| 管节 | 节段 | 荷载/kPa | 监测总沉降量/mm | 碎石垫层沉降/mm | 地基基础瞬时沉降/mm | 回弹再压缩沉降/mm |
|---|---|---|---|---|---|---|
| E7 | S1～S8 | 47.2 | 49.12 | 26.01 | 4.9 | 9.6 |
| E8 | S1～S8 | 47.2 | 48.80 | 26.01 | 5.5 | 10.3 |
| E9 | S1～S8 | 47.2 | 48.90 | 26.01 | 5.7 | 10.5 |
| E10 | S1～S8 | 47.2 | 47.50 | 26.01 | 5.8 | 7.6 |
| E11 | S1～S8 | 47.2 | 47.30 | 26.01 | 5.5 | 7.2 |
| E12 | S1～S8 | 47.2 | 47.20 | 26.01 | 5.8 | 7.4 |
| E13 | S1～S8 | 47.2 | 47.10 | 26.01 | 5.6 | 7.2 |
| E14 | S1～S8 | 47.2 | 47.15 | 26.01 | 5.4 | 9.9 |
| E15 | S1～S8 | 47.2 | 47.45 | 26.01 | 6.7 | 11.2 |

根据计算结果可知,截至 2016 年 1 月 31 日,沉管隧道天然地基段瞬时沉降量为 4.9～6.7mm。由第 7.2.3 节的理论计算天然地基段回弹再压缩量为 7.2～11.2mm,这也证明了地基土瞬时沉降为基槽开挖回弹再压缩的一部分。

根据瞬时沉降量和回弹再压缩量计算得到天然地基沉管隧道的计算沉降量小于沉管隧监测沉降量。分析其原因,主要是因为在沉管隧道沉降计算中并未考虑基槽开挖对隧道基础施工扰动的影响,施工扰动将对地基表层一定深度范围内土体密实程度产生影响;另外,沉管安放完成一段时间后,沉管顶部不可避免地产生回淤现象,这必然导致沉管上部荷载的增加,由此导致沉降量的增大。最后,不可忽略的一点就是理论计算中存在模型假设,这些假设与工程实际情况不可能完全吻合,理论计算参数的选取也会跟实际情况存在差异,这也会导致产生误差。

有限元计算结果与试验分析结果以及理论计算结果对比显示,有限元计算结果远大于其他算法计算结果,原因有以下几点。

(1)有限元模型参数取值不准确,尤其变形模量取值。引用文献计算结果并未获得原状土数据,未进行室内土工试验,所有参数均利用经验公式以及邻近地区土体参数取值;土体变形模量是将原状土按照应力路径法应用三轴仪测得,此过程忽略了开挖以及施工过程中不同阶段应力对地基土体的影响,只选取深槽开挖以及回淤结束两个状态,必将造成沉降计算结果的差异。

(2)在沉管安放前,地基土经过液压振动锤预振动密实。沉管安放在组合基床之上,而在组合基床施工过程中,块石以及相邻地基土体经受 APE600 液压振动锤的夯平施工,振动锤激振力约为 3000kN,重约 80t,加固深度约为 6m。此过程已经部分消除了地基土体的回弹再压缩沉降,这也是监测的回弹再压缩沉降量小于有限元模拟仿真计算结果的原因。

(3)计算中选用的施工节点为回淤完成以后,监测数据监测时间只是目前施工工况下沉管隧道地基基础现阶段沉降量,有限元计算结果明显偏大,但计算结果可以为施工结束后回淤工况下的沉降控制提供参考。

### 7.2.4　回弹再压缩在港珠澳大桥中的情况

沉管隧道回弹再压缩包括地基土由弹性形变导致的瞬时沉降,且回弹再压缩理论计算量小于实际监测结果;根据地基回弹再压缩沉降计算显示,沉管天然地基段回弹再压缩沉降量为 7.2～11.2mm,且黏土回弹再压缩量比砂土地基的回弹再压缩量大。港珠澳大桥海底沉管隧道管节回弹再压缩量和总沉降量满足设计要求,符合沉降控制要求。

# 7.3　负摩阻力对沉管隧道的影响分析

## 7.3.1　负摩阻形成机理

隧道区敞开段、暗埋段及岛与沉管结合段具体处理方式如表 7-8 所示。

表 7-8　沉管隧道地基处理方式汇总表

| 节段 | 地基处理方式 |
|---|---|
| E1S1～E1S2 | 高压旋喷改良地基 |
| E1S3～E4S3 | 挤密砂桩＋堆载预压 |
| E4S4～E6 | 高置换率挤密砂桩 |
| E7～E30S3 | 天然地基 |
| E30S4～E31S3 | 高置换率挤密砂桩 |
| E31S4～E33S6 | 挤密砂桩＋堆载预压 |
| E33S7～E33S8 | 高压旋喷改良地基 |

　　根据设计要求,管节沉放对接就位后应立即进行两侧锁定回填,锁定回填应对称设置,均匀沿隧道两侧和管节方向进行,回填范围、回填厚度等均应满足设计和规范要求,施工过程中两侧回填高度差不超过 1m。沉管管节锁定回填可以为沉管提供足够的侧向抗力,并由此固定管节位置。

　　隧道暗埋段属于现浇结构,混凝土浇筑施工完成后对暗埋段进行两侧回填,回填材料为中粗砂;对于沉管隧道段,当沉管安放完成后使用碎石对其进行锁定回填;如果隧道暗埋段或沉管段与锁定回填料之间产生相对运动,且回填料沉降过大,则在暗埋段或沉管段侧壁会产生负摩阻进而加大沉管隧道底部荷载,表现出锁定回填时沉降增大的现象。缺少对回填料的沉降监测数据,而锁定回填材料的性质、沉降速度都将影响影响负摩擦力的计算结果,所以本章考虑沉管隧道最不利的工况,隧道暗埋段以及沉管段侧壁都会产生负摩阻,将按照摩擦力的原理对负摩阻进行计算。

　　通过对隧道管节监测数据进行分析可知,隧道暗埋段施工完成后回填,回填料自重以及应力扩散必然导致暗埋段与回填料之间产生相对运动趋势,进而在暗埋段侧壁产生负摩阻。沉管段产生负摩阻也是相同的道理。正摩擦力对沉管隧道有支撑作用,而负摩阻将会增加沉管底部的附加荷载,并由此增大沉管隧道沉降量,研究负摩阻力对沉管暗埋段和沉管段的沉降的影响具有一定的现实意义。

　　根据沉降监测结果,在对隧道暗埋段进行回填时,虽然回填材料质量较大,但并未发生明显沉降;而用碎石对沉管段进行锁定回填时,沉管隧道产生明显沉降。本节将直接计算沉管暗埋段和沉管段侧壁回填料产生的负摩阻力对暗埋段或沉管段底部竖向荷载的影响,由此分析两侧回填产生的负摩阻对其沉降的影响,并解释产生这种现象的原因。

### 7.3.2 隧道暗埋段负摩阻力分析

隧道暗埋段为现浇混凝土,暗埋段现浇施工完工后以沉管隧道为上部荷载对地基进行堆载预压,沉降稳定后两侧将由海砂进行回填至＋5m正常使用标高,图7-5为隧道暗埋段结构示意图。

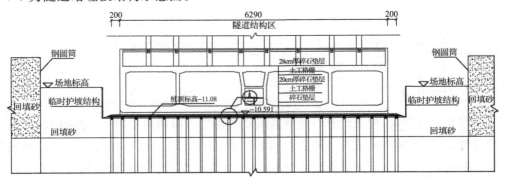

图 7-5　隧道暗埋段结构示意

CW1 隧道暗埋段浇筑完成以及两侧回填沉降监测数据如图 7-6 所示,该节沉管在 2015 年 8 月 10 日—9 月 10 日进行回填。由监测数值可知,回填期间 CW1 暗埋段并未发生沉降速率和沉降量有明显增大的现象,监测结果见图 7-6。

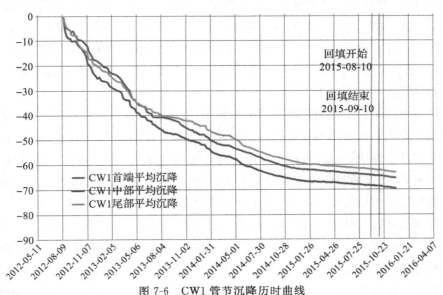

图 7-6　CW1 管节沉降历时曲线

　　分析其原因,前期暗埋段地基经过了降水联合堆载预压,并且隧道暗埋段基础采用刚性桩进行处理,虽然在暗埋段进行两侧回填时产生了负摩阻力,但暗埋段地基基础预压荷载远大于回填时基础所受荷载,所以并未产生明显沉降。

### 7.3.3　E28 沉管段负摩阻力试验研究

　　对已完成安放的沉管管节沉降进行监测,在锁定回填施工时发现沉管有明显的沉降发生,为明确此沉降的发生的原因,需要对 E28 管节加强锁定回填时沉降量的监测。

　　沉降监测采用高程水准测量方法。高程测量采用往返测量,满足国家二等水准测量精度要求,测量闭合线路如图 7-7 所示。

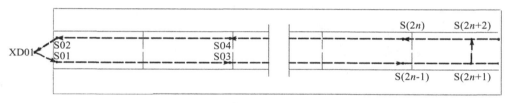

图 7-7　沉降监测闭合线路示意

　　沉降观测标位于沉管管节结构侧墙上,每个节段两侧布置 4 组测点。测点布置位置布以 E3 管节为例进行说明,如图 7-8 所示。

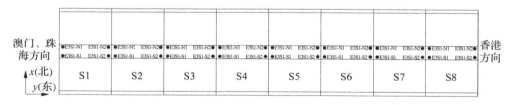

图 7-8　E28 管节沉降观测点布置示意

　　根据锁定回填对沉管沉降影响进行计算,监测周期为回填施工开始至回填施工完成后三天内。沉管沉降的观测频率为施工期和回填施工完成后三天内,每天 1 次,三天后按照沉管监测正常频率执行。

　　在进行沉管锁定回填前,利用水准仪对沉管沉降观测标标高进行初值测量。点锁回填施工完成后,利用多波束对点锁回填位置进行确认,并得到点锁回填的碎石堆形状。利用水准仪对沉管沉降观测标标高进行第二次测量。锁定一般回填碎石需要利用溜管准确抛填至预定位置。施工完成后利用多波束对回填位置进行再次确认,并得到锁定回填的碎石堆形状。沉管隧道回填施工完成后,利用水准仪及时对沉管沉降观测标标高进行测量。锁定、一般回填施工完成后的三天内,每天对沉管沉降观测标标高进行一次测量。三天后按照沉管监测正常频率执行。

2016 年 7 月 13 日安装 E28 管节,当天进行 E28 管节沉降测量及点锁回填,当月 17 日—22 日进行 E28 锁定一般回填,并分别在点锁回填及锁定一般回填后进行一次多波束扫测,以了解回填料形状,分析沉管侧壁负摩阻力对管节沉降的影响,扫描结果如图 7-9 所示。表 7-9 为 E28 管节锁定回填施工时间表。

(a)点锁回填　　　　　　　　　　　(b)一般回填

图 7-9　E28 管节锁定波束扫测结果

**表 7-9　E28 管节锁定回填施工时间表**

| 时间 | 回填方式 | 方量/m³ | 里程 | 备注 |
|---|---|---|---|---|
| 07-13 | 点锁 | 10000 | 0+60~0+90 | 沉降测量 |
| 07-15 | 多波束扫测 | | | — |
| 07-17 | 锁定一般 | 5850 | 0+98~0+84 | — |
| 07-18 | 锁定一般 | 5800 | 0+84~0+70 | — |
| 07-19 | 锁定一般 | 5980 | 0+70~0+55 | — |
| 07-20 | 锁定一般 | 6220 | 0+55~0+37 | — |
| 07-21 | 锁定一般 | 6255 | 0+37~0+19 | — |
| 07-22 | 锁定一般 | 6250 | 0+19~0 | — |
| 07-26 | 多波束扫测 | | | — |

从多波束结果显示,E28 管节点锁回填位置在管节中部,回填高度未超过管节上部斜面位置,7 月 15 日沉降监测 E28 管节线型结果如下。

该阶段管节主要受到点锁回填碎石料对管节侧壁的负摩阻力,该部分力是造成管节中间位置沉降的主要原因。

沉降监测结果如图 7-10 所示,7 月 13 日—22 日,E28 沉管平均沉降为 8.4mm。

根据多波束扫测结果,管节在锁定一般回填完成后受的力可以分为两部分:一部分为石料对管节的负摩阻力,另一部分为石料对管节的竖向压力,如图 7-11 所示。

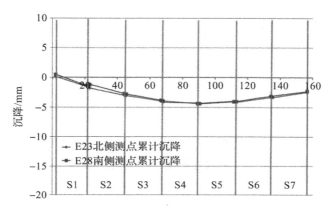

图 7-10　7 月 15 日 E28 管节沉降监测结果

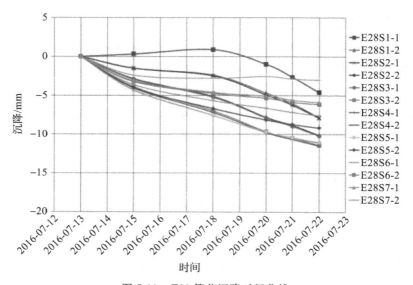

图 7-11　E28 管节沉降时间曲线

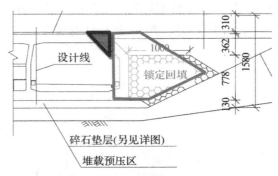

图 7-12　沉管隧道锁定回填受力情况示意（单位：mm）

负摩阻力可以通过土压力乘以摩擦系数获得，由静止土压力公式可知，负摩阻引起的沉管底部应力增加以及石料在管节顶部斜面引起的应力增加之和为：

$$P_1 + P_2 = 8.68 \text{kPa}$$

由碎石垫层物理模型试验计算得到碎石垫层应产生 4.7mm 沉降。7 月 13 日—22 日 E28 沉管平均沉降 8.4mm，其余由地基土体变形产生。

### 7.3.4　负摩阻力在沉管隧道施工中的影响

在整个沉管隧道工程中，隧道暗埋段以及沉管段将发生负摩阻，但隧道暗埋段地基经过降水联合堆载预压，并且隧道暗埋段底板上部荷载未超过预压荷载，所以回填砂应力扩散和负摩阻的存在都未导致地基产生明显沉降。

而在沉管隧道段，由于沉管隧道两侧碎石锁定回填后的自重和地基沉降原因，导致负摩阻产生，再加上两侧回填碎石附加应力扩散至沉管底部，沉管隧道底部荷载增加，导致地基降量明显增大。

负摩擦力的存在增加了沉管底部荷载，增加了沉管隧道的沉降风险，给沉管隧道的稳定性带来了隐患，因此需要采取一些消减负摩擦力的措施。

# 7.4　挤密砂桩的沉降规律

### 7.4.1　挤密砂桩复合地基承载及变形机理探讨

挤密砂桩复合地基工法作为一种新型地基处理技术，有可直接、快速、显著地提高软弱地基承载能力的独特优势，特别适合应用于外海筑港及人工岛建设。该方法在砂桩船上通过振动设备和管腔增压装置把砂强制压入水下软弱地基中,经过振动拔管、回打、挤密扩径形成挤密砂桩。

从加固原理上看,挤密砂桩的置换、挤密和排水作用可增加地基强度,加快地基固结和减少结构物沉降,并可有效提高地基的承载能力和抗液化能力。然而,水下挤密砂桩为一种新型工法,且现有的大型水下挤密砂桩的应用(尤其国内)尚处于起步阶段,对挤密砂桩的沉降机理和变形规律等的应用性研究尚比较欠缺。

本节以挤密砂桩在港珠澳大桥岛隧工程中的广泛应用为背景,通过系统梳理港珠澳大桥桥隧段挤密砂桩复合地基沉降实测资料,结合必要的理论分析,对挤密砂桩的沉降规律进行深入探讨,总结、归纳水下挤密砂桩复合地基沉降变形规律,为今后挤密砂桩在工程中的应用提供设计依据。这对今后挤密砂桩工法在大型外海工程设计实践中的应用具有重要指导意义。

地基中的砂桩需要桩周围土的围箍作用才能维持形状。挤密砂桩复合地基形成后,在荷载作用下,由于复合地基中桩体的变形模量和强度较大,传递给地基的附加应力会随着桩和桩间土发生等量的变形而逐渐集中到桩体上,同时桩间土承担的荷载相应减少。

由于挤密砂桩等散体材料破坏主要为鼓胀破坏,其具体承载力计算也就成了计算桩周土体最大极限侧压力,现有计算理论较经典的有 Brauns 计算理论与圆孔扩张理论(龚晓楠)计算法。

地基受载后,由于存在复合地基,地基内附加应力的分布相比于原有天然地基,浅层地基土中附加应力减小,而深层地基中附加应力增大。这一应力场特性也决定了复合地基的位移场特性。因此,挤密砂桩复合地基沉降变形主要由复合地基加固区压缩沉降和加固区下卧层沉降两部分构成,加固区下卧层部分沉降不可忽视。

挤密砂桩复合地基层变形发展主要遵循如下过程。

地基受载—桩体鼓胀变形—桩间土提供被动土压力—桩体持续鼓胀—桩间土固结压缩—桩间土刚度提高(被动土压力增大)—砂桩与桩间土变形协调—土体固结完成—平衡稳定。

挤密砂桩承载性能的关键在于桩间土所提供的被动土压力和桩身应力分布——置换率大的挤密砂桩,桩身应力较小,鼓胀力小,而桩间土的排水路径较短,固结速度快,从而其所提供的被动土压力增长较快,因此置换率大的挤密砂桩变形过程持续时间短,可快速形成平衡稳定;同理,置换率小的挤密砂桩,桩间土排水路径长,砂桩变形和土体固结协调变形持续时间较长。

由此可见,复合地基部分的沉降变形主要由砂桩体鼓胀变形引起,沉降变形期间伴随着桩间土体排水固结,桩间土强度逐渐提高,提供的被动土压力逐渐增大,砂桩逐渐平衡稳定。因此,挤密砂桩复合地基沉降整体呈现的是砂桩体的鼓胀变形特性,砂桩本身不发生破坏,桩体与桩间土共同受力,与砂井地基存在明显不同。

挤密砂桩复合地基层的沉降除与砂桩的挤密压实效果(桩身刚度)有关外,还与桩间土的性质有关,在桩间土为淤泥质软土等性质较差的地层情况下,采用高置换率的挤密砂桩可减小桩间土的排水路径,加速桩间土受荷后的排水固结,从而在短时间内提供给砂桩较大的被动土压力,进而限制砂桩的进一步鼓胀变形。而在较硬黏土和砂性土地基中,采用较低的置换率本身即可达到降低或消除地基沉降的作用。

挤密砂桩复合地基下卧层沉降变形主要为附加应力传递至下卧层所引起的压缩固结沉降,但需要注意的一点是,相对于天然地基,复合地基地层由于附加应力影响范围加深,较深处土层压缩量相对于天然地基增大。相对于复合地基层压缩引起的沉降,下卧层沉降持续时间长,影响大,更应引起重视。

现有下卧层沉降计算理论主要有压力扩散法和等效实体法,较适用于挤密砂桩复合地基下卧层计算的为压力扩散法,计算过程主要关注下卧层附加应力传递问题,下卧层地基沉降计算则主要采用分层总和法。

### 7.4.2 实测资料分析

(1)挤密砂桩复合地基载荷试验成果

为了进一步研究验证挤密砂桩复合地基承载性能,我们在港珠澳大桥西人工岛救援码头位置进行了水下挤密砂桩复合地基载荷试验。

该区域挤密砂桩直径为1.6m,间距为1.8m,呈正方形布置,置换率为62%。砂桩桩顶标高—15.0m,桩底标高—37.0m。砂桩顶面铺设1.0m厚碎石垫层。岛头段沉管碎石底的最大基底应力约150kPa,试验加载至340kPa(2.3倍设计值,承压板底平均应力),承压板尺寸为5.4m×5.4m,打设两根基准桩,四根锚桩,保证试验的顺利实施,如图7-13所示。

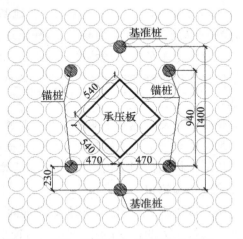

图7-13 锚桩、基准桩平面布置示意(单位:cm)

挤密砂桩复合地基在加载-卸载过程中,经历了典型的地基沉降回弹再压缩的过程。地基卸载回弹量不明显,复合地基整体呈现塑性变形特性,最后一级荷载施加后沉降量为 123.4mm。

试验中共埋设土压力盒 4 个,分别埋设于砂桩顶面和桩间土表面,用于监测砂桩顶面应力与桩间土应力随荷载施加过程的变化规律。实测结果表明,随荷载的增加,砂桩应力与桩间土应力持续增大。

桩土应力比随荷载施加过程而变化,可见桩土应力比在整个加载过程中基本维持在 6 左右,如图 7-14 所示。随着卸载回弹,由于砂桩相对于桩间土呈现更为明显的弹性变形特性,故在卸载回弹过程中,砂桩部分承载逐渐增大,桩土应力比呈现明显增大趋势,当卸载至最小值时,桩土应力比增大至最大,约为 10.8。由此可见,在卸载过程中,由砂桩主要承受荷载的趋势越来越明显,而回到正常持续加载过程后,桩土应力比变化范围始终维持在 6 左右。考虑到实测区域载荷板面积范围内砂桩置换率与整体区域内置换率存在一定差异,经过面积修正后可得到最终桩土应力比为 6.3。

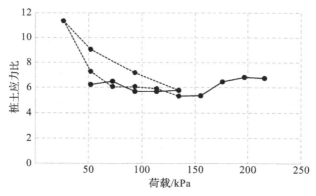

图 7-14　桩土应力比随荷载施加–回弹–再压缩过程变化曲线

由此可知,在港珠澳大桥岛隧工程中使用的挤密砂桩施工工艺,可使桩身刚度达到周围地层刚度的 6.3 倍,而日本的规范推荐的桩土应力比为 4～6,这也从侧面说明了港珠澳大桥挤密砂桩成桩质量良好,砂桩形成后可承担上部总荷载的86.3%,使地基形成了砂桩主要承载,桩间土配合承载的设计预期模式。

(2)挤密砂桩复合地基水下堆载预压加固过程沉降分析

港珠澳大桥岛隧过渡段采用挤密砂桩复合地基的形式对隧道下部软土地基进行加固处理,挤密砂桩打设完成后,为保证后期沉管安放沉降均匀,特意在部分淤泥深厚的挤密砂桩段(西岛 E1S3～E4S3 段、东岛 E30S4～E33S3 段)进行了堆载预压处理,从堆载过程的实测结果可以发现,由于在海底淤泥质软土地层打设了高置换率的挤密砂桩,地基沉降相对于天然地基大大减小(见表 7-11)。通过打设各种置换率(40％、55％、70％)挤密砂桩,西岛过渡段相关区域从原有天然地基沉降314～401mm 降低至挤密砂桩加固后实测 28～50mm,沉降量降低至原始地基计算沉降值的 8.9％～23.2％,从而显著提高了地基刚度。

如表 7-10 所示,西岛过渡段共采用了 3 种置换率形式的挤密砂桩,在置换率为 42％的挤密砂桩复合地基段,平均沉降量最终约为 63mm,置换率为 55％区段的平均沉降量为 39.8mm,置换率达到 70％区段的平均沉降量为 40.1mm。可以发现,随着挤密砂桩置换率的提高,地基的沉降有较为明显的降低,挤密砂桩置换率由 42％增长至 55％后,地基沉降明显降低,而在地质条件基本一致的情况下,置换率由 55％增大至 70％后,地基平均沉降量降低并不明显,这应与现场堆载针对不同区域所施加荷载的不同有关,置换率 70％区域荷载明显大于55％区域。

表 7-10　西岛过渡段不同置换率各区域实测平均沉降量

| 置换率/％ | 42 | 42 | 55 | 70 |
|---|---|---|---|---|
| 区位 | A3 东 | A3 西 | A2 | A1 |
| 实测平均沉降量/mm | 63.9 | 63.0 | 39.8 | 40.1 |

表 7-11　西岛过渡段挤密砂桩堆载预压沉降分布情况

| 测点 | A1 | B | D1 | D2 | D3 | E1 | E2 | E3 | F1 | F2 | F3 |
|---|---|---|---|---|---|---|---|---|---|---|---|
| 置换率/％ | 42 | 42 | 42 | 42 | 42 | 55 | 55 | 55 | 70 | 70 | 70 |
| 堆载高度/m | 14.5 | 15.5 | 13.7 | 13.5 | 13.3 | 14.4 | 14.4 | 14.4 | 15.6 | 16 | 15.5 |
| 实测沉降量/mm | 64.9 | 64.1 | 45.8 | 68.6 | 74.7 | 49.8 | 27.9 | 41.6 | 33.9 | 44.6 | 41.9 |
| 原始地基计算沉降/mm | 308.7 | 275.9 | 274.5 | 340.6 | 274.5 | 382.6 | 314.1 | 407.0 | 314.1 | 407.0 | 382.6 |
| 实测沉降折减率/％ | 21.0 | 23.2 | 16.7 | 20.1 | 27.2 | 13.0 | 8.9 | 10.2 | 10.8 | 11.0 | 11.0 |

东人工岛过渡段挤密砂桩的布置形式与西岛有所不同,东岛挤密砂桩区域采用上部和下部不同置换率的布置方法,通过采用针对不同地质条件上下分层置换原地基软土的形式,在减小原地基沉降的同时避免了过高的材料成本。

如表 7-12 所示,通过打设上下分层不同置换率挤密砂桩(22％、40％、55％),东岛过渡段相关区域从原有天然地基沉降 108.4～926.7mm 降低至挤密砂桩加固后实测 42.6～214.3mm,沉降量降低至原始地基计算沉降值的 11.2％～50.7％左右,地基刚度提高明显。

**表 7-12　东岛过渡段挤密砂桩堆载预压沉降分布情况**

| 测点 | C1 | C2 | C3 | C5 | C8 | C11 | C12 | C13 | C14 | C16 | C17 |
|---|---|---|---|---|---|---|---|---|---|---|---|
| 置换率/% | 55 | 55 | 55 | 55 | 55 | 41 | 41 | 41 | 40 | 40 | 40 |
|  | 29 | 29 | 29 | 29 | 29 | 25 | 25 | 25 | — | — | — |
| 堆载高度/m | 20 | 13.4 | 13.4 | 12.3 | 11.9 | 11.1 | 11.1 | 11.1 | 11.7 | 11.2 | 11.2 |
| 实测沉降量/mm | 214.3 | 87.3 | 57.5 | 183 | 68.3 | 83.5 | 106.0 | 42.6 | 76.4 | 52.3 | 54.9 |
| 原始地基沉降量/mm | 926.7 | 430.1 | 509.7 | 458.9 | 577.4 | 283.4 | 284.5 | 284.5 | 238.4 | 108.4 | 108.4 |
| 实测沉降折减率/% | 23.1 | 20.30 | 11.2 | 39.9 | 11.8 | 29.5 | 37.3 | 15.0 | 32.1 | 48.3 | 50.7 |

**(3)挤密砂桩复合地基沉降特性分析**

为进一步解释挤密砂桩复合地基沉降特性,需要分析复合地基中地层的具体分布,实际上挤密砂桩地基沉降由加固区沉降和下卧层沉降组成(如图 7-15 所示),加固区沉降主要由桩身鼓胀变形及桩间土固结排水引起,由于砂桩在地基中形成了良好的竖向排水通道,在高置换率挤密砂桩地基中,桩间土横向排水路径较短,可在短期内迅速排水固结,桩身受力后鼓胀变形亦随之迅速发生。

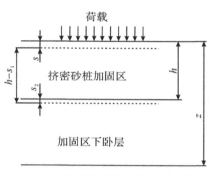

图 7-15　挤密砂桩沉降分层示意图

考察观测点 B 的沉降,其前期发生的沉降变形主要由挤密砂桩加固区压缩变形引起,而该测点处砂桩下卧层为典型黏土地层双面排水问题,受排水路径的影响,其固结排水速度缓慢。由于测点 B 处(孔号 CPTU313)下卧层存在厚度约为 4.66m 的黏土夹层(32 黏土夹砂),从地质分层情况来看,该区域位置处挤密砂桩下卧层中主要分布土体为 32 黏土夹砂层及 44 中砂层,该 32 黏土夹砂层的沉降构成了挤密砂桩下卧层沉降。

考察下卧层分布特性可以发现,32 黏土夹砂层上部为挤密砂桩复合地基,下部为 44 中砂层,形成了典型的双面排水地基,如图 7-16 所示。通过黏土层排水计算公式 7-1 得到,在预压期满载 4 个月后,该层排水时间因数为 0.2385,查表可得预压期内下卧层固结度可达到约 47%。

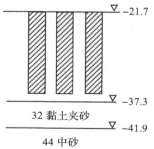

图 7-16　监测点 B 处砂桩下卧层计算示意

$$T_v = \frac{C_v t}{H^2} \qquad\qquad (7\text{-}1)$$

计算 32 黏土夹砂层在预压荷载下完全固结后的总沉降量时,需要考虑该层土的固结特性。由地勘报告可知,32 黏土夹砂层为超固结土,超固结比平均为 1.49。因此在计算该下卧层总沉降时,需充分考虑该层土的应力历史对地基沉降计算的影响,即该层土在预压荷载下是否达到了前期固结压力 $P_C$,通过地层计算可知,施加预压荷载后,下卧层顶面处地层应力 $P_1$ 在附加应力作用下为 226.2kPa,大于其前期固结压力 196.4kPa,土体压缩变形特性如图 7-17 所示。

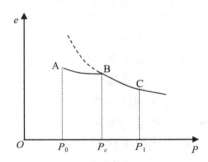

图 7-17　预压荷载下下卧层压缩特性

可通过不同阶段压缩指标计算得到 B 测点下卧层在预压荷载下最终沉降量为 43.9mm,而预压期满载 4 个月时间内下卧层固结度为 47%,可得监测点 B 处在预压期内下卧层沉降量为 20.7mm。

由于测点 B 预压期实测沉降量为 64.1mm,而通过上述分析计算得到其下卧层沉降为 20.7mm,下卧层沉降量约占整体沉降量的 32%。

### 7.4.3　水下挤密砂桩复合地基沉降理论计算分析与验证

挤密砂桩复合地基形成后,密实的桩体取代了同体积的软弱黏土,由于桩体的强度和抗变形性能等优于桩间土,所形成的复合地基的承载能力就比原来的天然地基大,沉降量也比天然地基小,提高了地基的整体稳定性和抗破坏能力。荷载作用下,由于复合地基中桩体的变形模量和强度较大,传递给地基的附加应力会随着桩和桩间土发生等量的变形而逐渐集中到桩体上,同时桩间土承担的荷载相应减少。

根据不同土层性质,砂桩发挥着不同的作用,当挤密砂桩进入相对硬层时,因砂桩的压缩模量大于软土的压缩模量,由基础传给复合地基的外荷载随着桩土等量变形而逐渐集中到桩体上,因此上部结构的荷载由挤密砂桩承担一部分,其余的荷载由桩间软土承担。正是由于外荷在砂桩与桩间土的分布变化以及土体的复杂性,目前挤密砂桩复合地基的沉降计算大多采用半理论半经验的方法。

　　国内现有的对挤密砂桩复合地基的沉降计算基本参考日本规范推荐的计算方法进行预估,而日本的规范所推荐的经验计算公式是否适用于国内挤密砂桩复合地基的应用情况,尚需要进一步验证。港珠澳大桥岛隧工程挤密砂桩复合地基的广泛应用,为验证理论计算方法的正确性提供了良好的平台。对比现场实测数据与理论计算结果,可进一步验证或修正挤密砂桩理论计算公式,为后期挤密砂桩应用提供宝贵的经验性指导。

　　计算得到的西岛过渡段各测点的沉降值如图 7-18 所示,理论计算中,桩土应力比根据现场实测(本节第 3.1 节)结果取 6.3,其余参数按照勘察报告及现有规范选取。

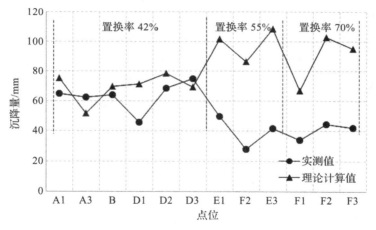

图 7-18　西岛过渡段各监测点实测沉降值与理论计算值对比

　　图 7-18 为西岛挤密砂桩地基水下堆载预压沉降实测值与计算值对比,比较发现,挤密砂桩置换率为 42% 的区域理论计算沉降量与实测沉降量比较接近,基本可反映实际沉降。而置换率较高(55%,70%)区域的理论计算值与实测沉降值差别比较大,如图 7-19 所示,当置换率达到 55% 时,局部位置的理论计算值与实测值相差近 1 倍。因此当采用高置换率挤密砂桩进行地基处理时,日本的规范所提供的相关计算公式得到的沉降值偏大,因此需要进一步修正高置换率挤密砂桩沉降计算公式。

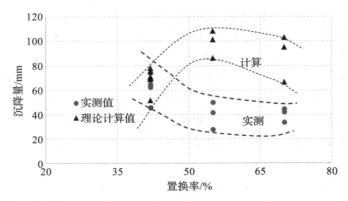

图 7-19　西岛过渡段不同置换率实测沉降值与理论计算值对比

　　东岛过渡段挤密砂桩布置形式与西岛有所不同,这里对东岛挤密砂桩复合地基沉降进行单独统计。图 7-20 为东岛过渡段挤密砂桩复合地基在堆载预压期间实测沉降与理论计算值对比,可以发现,置换率约为 40% 的挤密砂桩区域计算沉降量与实测沉降量吻合良好,而上部置换率为 55% 的区域计算值与实测值差别较大,规律与西岛过渡段所统计结果基本一致。因此,比较东岛实测数据与理论数据进一步说明了当挤密砂桩置换率较高时,采用日本的规范方法计算得到的结果与实测结果差距较大,需要进一步修正相关理论计算公式。

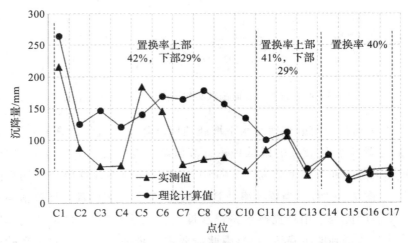

图 7-20　东岛过渡段各监测点实测沉降值与理论计算值对比

　　针对高置换率挤密砂桩地基理论经验公式计算结果偏差较大的问题,本节结合现场实测结果对原有理论经验公式进行拟合修正。为了进一步探究挤密砂桩地基沉降规律,消除各个断面不同地层分布对地基沉降规律的离散性影响,下面引入挤密砂桩复合地基沉降折减比概念。

$$\beta_c = \frac{S'}{S_1} \quad\quad (7\text{-}2)$$

式中，$S'$ 为实测复合地基沉降量，$S_1$ 为分层总和法计算原始地基沉降量。

图 7-21 为不同置换率下实测沉降折减比分布情况，可以发现，随着置换率的增加，沉降折减比显著减小，但整体分布轨迹在置换率大于 50% 后较原日本规范推荐理论公式（图中 $\eta=1$ 情况）差距较明显，分布较符合 $\eta=2.5$ 的曲线发展特征。

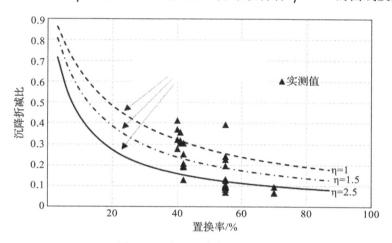

图 7-21  实测沉降折减比分布

由挤密砂桩沉降计算公式得到修正沉降折减比为：

$$\beta' = \frac{1}{1 + \eta \cdot (n-1)m}$$

式中，$\eta$ 为经验修正系数，在置换率小于 50% 时取 1～1.5，置换率大于等于 50% 时取 2.5。

由此可得挤密砂桩沉降计算修正公式：

$$S' = \beta' \cdot S = \frac{1}{1 + \eta \cdot (n-1)m} \cdot S \quad\quad (7\text{-}3)$$

式中，$\eta$ 为经验修正系数，在 $m<0.5$ 时取 1～1.5，$m \geqslant 0.5$ 时取 2.5；$n$ 为桩土应力比，取 6.3；$m$ 为挤密砂桩置换率；$S$ 为天然地基分层总和法计算沉降量。

图 7-22 和图 7-23 为经公式（7-3）修正后东、西岛过渡段计算结果与实测结果对比曲线。可发现经修正后，在东、西岛过渡段中，不同区域不同置换率下挤密砂桩沉降数据计算值与实测值均较为吻合，说明修正公式计算适用性良好。

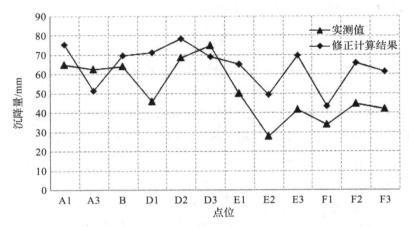

图 7-22　西岛水下堆载预压沉降修正公式计算结果与实测结果对比

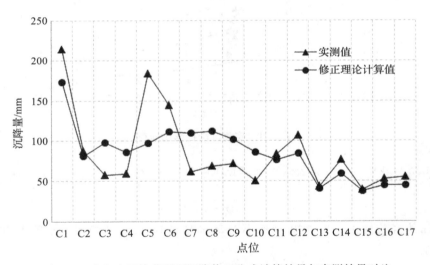

图 7-23　东岛水下堆载预压沉降修正公式计算结果与实测结果对比

### 7.4.4　挤密砂桩在港珠澳大桥中的使用情况

挤密砂桩复合地基加固区沉降主要由桩身鼓胀变形与桩周土固结排水协调变形引起,砂桩在承载的同时兼具了良好排水通道的作用,能使桩间土在短期内高速完成排水固结,从而在很短的时间内形成稳定的桩-土协调共同承载模式,这一机理使得其具备了特有的直接、快速、显著提高软基的强度和刚度的优势,尤其适用于外海水下软基处理。

港珠澳大桥岛隧工程所采用的挤密砂桩成桩工艺可形成高密实度的砂桩,砂桩成桩后具有较高的刚度,现场实测结果表明,成桩后的挤密砂桩桩土应力比普遍可达 6 左右,受载后砂桩承担了主要的上部荷载,桩间土辅助承担了少部分荷载,形成了良好的桩土共同承载的复合地基承载模式。

现有日本规范推荐的挤密砂桩复合地基沉降计算理论计算置换率较低的地基时,比较符合现场实测值,而在高置换率挤密砂桩情况时,计算结果普遍偏大,当挤密砂桩置换率达到 50％以上时,建议对原有理论计算公式进行修正,适当增大应力折减参数,本书推荐在原公式基础上根据不同置换率调整相关经验系数,使计算值更接近实测值。

# 7.5　沉管隧道沉降变形规律分析

## 7.5.1　沉管隧道沉降监测分析

港珠澳大桥海底沉管隧道在地基基础上开挖基槽后用块石夯平,并在此夯平层上铺设碎石垫层形成组合基床后再安放沉管。由于基槽开挖后海底抛块石经过夯平处理,可认为块石抛石夯平层消除了基槽开挖时的施工扰动,且没发生沉降,基于此开展沉管隧道沉降变形规律分析。

沉管隧道各管节沉降曲线走势大体趋于一致,在沉管安放后一段时间内,沉管隧道沉降速率和沉降量变化都较显著,而后逐渐趋于稳定。分析沉管隧道沉降的发生原因主要有两方面:一方面是块石夯平层和碎石垫层组成的组合基床,块石夯平层由于经过夯平船的夯平,可认为不再发生沉降,故组合基床沉降主要由碎石垫层受力后碎石重分布以及挤密所产生的沉降;另一方面是地基基础沉降,地基沉降主要由各种地基在受到沉管荷载时产生地基土体的回弹再压缩或者固结引起。

沉管隧道地基形势复杂,易导致不均匀沉降发生,因此提出复合地基处理方式。港珠澳大桥海底沉管隧道下部存在挤密砂桩复合地基、高压旋喷改良地基、刚性桩复合地基三种复合地基形式。复合地基对减小沉管隧道的不均匀沉降起到重要作用。复合地基的设计采用“刚度过度”理念,在满足沉管隧道沉降控制、保证施工质量的前提下达到降低施工成本的目的。

挤密砂桩段各管节荷载以及沉降情况见表 7-13。

表 7-13 挤密砂桩段管节荷载沉降汇总表

| 管节 | 节段 | 荷载/kPa | 挤密砂桩沉降量/mm | 监测沉降量/mm | 所占比例/% |
|---|---|---|---|---|---|
| E1 | S3 | 32.8 | 1.08 | 62.65 | 1.72 |
| | S4~S8 | 36.8 | 1.21 | 54.50 | 2.22 |
| E2 | S1~S3 | 37.6 | 1.24 | 50.37 | 2.46 |
| | S4~S7 | 45.5 | 1.50 | 53.20 | 2.82 |
| E3 | S1~S8 | 46.8 | 1.54 | 62.70 | 2.46 |
| E4 | S1~S3 | 47.2 | 1.56 | 67.33 | 2.32 |
| | S4~S8 | 47.2 | 3.85 | 66.76 | 5.77 |
| E5 | S1~S8 | 46.2 | 3.77 | 58.64 | 6.43 |
| E6 | S1~S8 | 46.8 | 3.82 | 59.70 | 6.40 |

(2)高压旋喷改良地基

根据试验与实际产生的地基附加应力相似原则,E1S1 管节上部荷载为 104.5kPa,E1S2 管节上部荷载为 72.9kPa。根据沉管隧道沉降监测报告可知 E1 管节这两个节段的总沉降量分别为 88.55mm 和 75.30mm,根据高压旋喷改良地基原型载荷试验可知,E1S1 和 E1S2 节段高压旋喷改良地基最终沉降量为 19.5mm,占总沉降量的 22% 和 25.9%。

(3)组合基床沉降

组合基床载荷试验时并未铺设垄沟,考虑到实际情况,应根据沉管隧道实际施工时隧道底板的受力面积对试验时的受力面积进行折减,计算可得折减系数应为 5/3。根据施工记录以及载荷试验数据,各管节组合基床沉降量如表 7-14 所示。

表 7-14 沉管隧道组合基床沉降汇总表

| 管节 | 节段 | 荷载/kPa | 碎石基床沉降/mm | 监测总沉降量/mm | 所占比例/% |
|---|---|---|---|---|---|
| E1 | S1 | 104.5 | 57.59 | 88.6 | 65.0 |
| | S2 | 72.9 | 40.18 | 75.3 | 53.4 |
| | S3 | 32.8 | 18.08 | 62.6 | 28.8 |
| | S4~S8 | 36.8 | 20.28 | 54.5 | 37.2 |
| E2 | S1~S3 | 37.6 | 20.72 | 50.4 | 41.1 |
| | S4~S7 | 45.5 | 25.08 | 53.2 | 47.1 |
| E3 | S1~S8 | 46.8 | 25.79 | 62.7 | 41.1 |

续表

| 管节 | 节段 | 荷载/kPa | 碎石基床沉降/mm | 监测总沉降量/mm | 所占比例/% |
|------|------|---------|----------------|----------------|-----------|
| E4 | S1～S3 | 47.2 | 26.01 | 67.3 | 38.6 |
| | S4～S8 | 47.2 | 25.76 | 66.7 | 38.6 |
| E5 | S1～S8 | 46.2 | 25.46 | 58.6 | 43.4 |
| E6 | S1～S8 | 46.8 | 25.79 | 59.7 | 43.2 |
| E7 | S1～S3 | 46.8 | 25.79 | 51.1 | 50.4 |
| | S4～S8 | 33.1 | 18.24 | 48.8 | 37.4 |
| E8 | S1～S8 | 33.1 | 18.24 | 48.8 | 37.3 |
| E9 | S1/S3/S6/S8 | 33.1 | 18.24 | 48.9 | 37.3 |
| | S2/S4/S5/S7 | 63.2 | 34.83 | 45.6 | 76.4 |
| E10 | S1/S3 | 33.1 | 18.24 | 47.8 | 38.1 |
| | S2/S4/S5 | 63.2 | 34.83 | 47.5 | 73.4 |
| | S7 | 38.8 | 21.38 | 38.1 | 56.2 |
| E11 | S1～S8 | 63.2 | 34.83 | 47.3 | 76.8 |
| E12 | S1～S8 | 63.2 | 34.83 | 47.2 | 76.8 |
| E13 | S1～S8 | 63.2 | 34.83 | 47.1 | 76.8 |
| E14 | S1～S8 | 63.2 | 34.83 | 47.2 | 76.8 |
| E15 | S1～S8 | 65.2 | 35.93 | 47.5 | 79.1 |

由计算结果可知,组合基床的汇降是沉管隧道沉降的主要组成部分,占总沉降量的 28.86%～79.10%。

对沉管隧道深水载荷试验沉降时程曲线进行统计和分析发现,试验总沉降量的 80% 是在荷载施加后的 10～15min 内产生的,总沉降量的 90%～95% 是在荷载施加之后的 2h 内完成的,且沉降速率很快,剩余 5% 的沉降量在荷载施加后的 5～6h 内基本完成。

根据计算分析可知,沉管隧道沉降由对应荷载作用下的碎石垫层沉降量与地基基础沉降共同组成。

表 7-15　沉管隧道深水载荷试验沉降汇总表

| 荷载/kPa | 管节 | 水下载荷试验<br>总沉降量/mm | 对应荷载的碎石垫层<br>模型试验沉降量/mm | 地基基础沉降量/mm |
|---|---|---|---|---|
| 60 | E12 | 32.58 | 33 | 1.78 |
| | E4 | 44.99 | 33 | 1.62 |
| | E4 | 33.69 | | |
| | E6 | 32.36 | | |
| | E6 | 32.13 | | |
| 100 | E15 | 68.20 | 55 | 3.00 |
| | E15 | 71.30 | | |
| | E12 | 60.80 | | |
| | E12 | 83.60 | | |
| | E4 | 72.80 | 55 | 2.70 |
| | E4 | 88.80 | | |
| | E6 | 77.10 | | |

## 7.5.2　沉管隧道沉降机理

根据港珠澳大桥海底沉管隧道沉降数据显示,在沉管安放完成后,每当沉管上部荷载增加时,沉管监测的沉降-时间曲线上可看出有明显沉降发生,而当沉管隧道无工程作业时,沉管隧道沉降基本保持稳定。

表 7-16　沉管隧道各个管节瞬时沉降量统计表

| 管节 | 沉管隧道监测<br>瞬时沉降量/mm | 沉管隧道计算<br>瞬时沉降/mm | 监测总沉降量<br>/mm | 计算瞬时沉降<br>占比/% |
|---|---|---|---|---|
| E3 | 41.7 | 30.6 | 62.7 | 48.8 |
| E4 | 57.3 | 30.5 | 67.0 | 45.5 |
| E5 | 53.3 | 30.7 | 58.6 | 52.4 |
| E6 | 37.0 | 30.8 | 59.7 | 51.6 |
| E7 | 36.3 | 30.4 | 49.1 | 63.0 |
| E8 | 37.0 | 31.5 | 48.8 | 64.6 |
| E9 | 40.0 | 31.7 | 48.9 | 64.8 |
| E10 | 24.3 | 31.8 | 47.5 | 67.0 |

续表

| 管节 | 沉管隧道监测瞬时沉降量/mm | 沉管隧道计算瞬时沉降/mm | 监测总沉降量/mm | 计算瞬时沉降占比/% |
|------|------|------|------|------|
| E11 | 35.0 | 31.5 | 47.3 | 66.6 |
| E12 | 32.0 | 31.8 | 47.2 | 67.4 |
| E13 | 29.0 | 31.6 | 47.1 | 67.1 |
| E14 | 32.3 | 31.4 | 47.2 | 66.5 |
| E15 | 40.0 | 32.7 | 47.5 | 68.9 |

　　港珠澳大桥海底沉管隧道天然地基段各个管节瞬时沉降量如表 7-16 所示。计算瞬时沉降量占监测总沉降量的 48.8%～68.9%,相比监测瞬时沉降量占监测总沉降量的 70%～80%略小。究其原因,首先是因为监测瞬时沉降量时选取的是施工期内的一段时间,这段时间内不可避免地存在一定程度的回弹再压缩、下卧层的固结沉降或者次固结沉降,使得监测瞬时沉降量取值稍大。另外一点就是瞬时沉降的理论计算存在一定的假设,加上计算参数的选取也存在一定程度的误差,这些也会导致理论计算值偏小。

　　根据工程地质勘察报告,收集天然地基基础各管节对应的静力触探 CPTU 参数和标准贯入试验的标贯击数,计算地基基础沉降量见表 7-17。

表 7-17　地基回弹压缩理论计算表

| 管节 | 土层情况 | $N_{63.5}$标贯击数/N | 弹性模量/Mpa | 开始监测日期 | 回弹再压缩沉降/mm |
|------|------|------|------|------|------|
| E7 | 5m 黏土＋35m 砂层 | 28.5 | 199.5 | 2013-12 | 9.6 |
| E8 | 5m 黏土＋35m 砂层 | 25.3 | 177.1 | 2014-01 | 10.3 |
| E9 | 5m 黏土＋35m 砂层 | 24.4 | 170.8 | 2014-02 | 10.5 |
| E10 | 40m 砂层 | 24.2 | 169.4 | 2014-03 | 7.6 |
| E11 | 40m 砂层 | 25.2 | 176.4 | 2014-07 | 7.2 |
| E12 | 40m 砂层 | 24.2 | 169.4 | 2014-08 | 7.4 |
| E13 | 40m 砂层 | 24.9 | 174.3 | 2014-09 | 7.2 |
| E14 | 5m 黏土＋35m 砂层 | 26.0 | 182.0 | 2014-10 | 9.9 |
| E15 | 5m 黏土＋35m 砂层 | 20.7 | 144.9 | 2015-03 | 11.2 |

　　根据计算分析,沉管隧道天然地基基础管节的回弹再压缩量为 7.2～11.2mm,且砂土回弹再压缩沉降小于黏土回弹再压缩沉降。

　　根据计算结果可知,挤密砂桩段地基基础瞬时沉降量稍小于天然地基段,这是因为天然地基段下部分布厚度不等的黏土层,而黏土层的瞬时沉降量大于砂土层,虽然挤密砂桩段地基也存在厚度不一的黏土层,但已经形成挤密砂桩复合地基形式,极大地减小了由于黏土层存在而产生的瞬时沉降。地基土的瞬时沉降其实是地基土回弹再压缩特性中表现为弹性形变的部分。

　　沉管隧道现阶段沉降由荷载施加短时间内的瞬时沉降、荷载施加一段时间后的回弹再压缩以及正常固结沉降组成。根据隧道沉降变形的一般规律,提出临界荷载的概念以区分瞬时沉降、回弹再压缩和正常固结沉降,定义在沉管隧道地基基础设计中,地基附加应力为前期固结压力时,荷载为临界荷载。界定当荷载未超过临界荷载时,沉管隧道总沉降量由瞬时沉降和回弹再压缩组成;当超过临界荷载时,沉管隧道总沉降量由瞬时沉降、回弹再压缩和正常固结沉降组成。

### 7.5.3　临界荷载设计法的提出

　　在沉管隧道地基基础设计中,地基附加应力前期固结压力时,荷载为临界荷载。临界荷载的提出明确了沉管隧道沉降产生的原因,区分了沉管隧道沉降组成部分,界定了沉管隧道瞬时沉降、回弹再压缩和正常固结沉降,对控制沉管隧道沉降具有针对性意义。

　　在港珠澳大桥岛隧工程中,由于深挖基槽后组合基床以及沉管安放过程地基基础的前期固结压力远大于沉管安放时组合基床以及沉管和上部回填荷载的总和,故港珠澳大桥岛隧工程中的沉管隧道地基基础并未发生正常的固结沉降,沉管段沉降主要由瞬时沉降和回弹再压缩组成。根据港珠澳大桥海底沉管隧道沉降的监测数据以及分析可知,海底沉管隧道沉降主要由组合基床的碎石垫层和复合(天然)地基基础沉降两部分组成,应针对这两部分沉降提出控制措施和建议。

　　临界荷载设计法的提出使沉管隧道地基处理由原来增加地基基础刚度的设计方向转到"刚度协调"地基沉降控制的方向,只需控制瞬时沉降量和回弹再压缩量即可。在地基基础上部荷载不超过"临界荷载"时,基础处理仅需控制地基及土体的瞬时沉降和回弹再压缩沉降即可;当上部荷载大于"临界荷载"时,需要在进行地基处理时,考虑土体固结对地基的影响。

### 7.5.4　港珠澳大桥地基处理结果

　　港珠澳大桥隧道沉管段沉降控制是港珠澳大桥岛隧工程的重点和难点之一,沉管段的地基基础处理结果将直接影响隧道沉管的施工质量。

　　临界荷载设计法的提出为港珠澳大桥沉管隧沉降控制指明了方向,组合基床和复合地基的提出有效控制了港珠澳大桥海底沉管隧道过大沉降量的发生。

日本已建成的海底沉管隧道沉降量一般较大，而中国的港珠澳大桥海底沉管隧道项目沉降量仅为 $50\sim100mm$，创造了历史上沉管隧道沉降控制的奇迹。分析其原因，在临界荷载设计法指导下提出的组合基床以及复合地基设计法功不可没，方法首次提出并应于港珠澳大桥道隧工程就取得了辉煌的成绩。以块石、碎石为主要材料的组合基床以及按照"刚度过度"理念设计的复合地基形式值得在港口和海洋工程中推广和应用。

# 第 8 章
## 结论与展望

## 8.1 结 论

分析研究海底隧道地基土体在不同工况下回弹再压缩特性和机理,建立一套考虑回弹再压缩特性的海底沉管隧道地基沉降数值模拟方法,明确影响沉管隧道地基回弹再压缩或沉降的因素,对于控制和预测海底沉管隧道地基沉降变形,指导类似海底沉管隧道工程的设计和施工具有重要意义。本书以港珠澳大桥海底沉管隧道为依托,通过考虑沉管隧道在基槽开挖、组合基床铺设、沉管安放、回填以及工后回淤等工况下对地基沉降的影响,取现场原位土体进行室内模型试验,结合数值模拟计算对沉管隧道地基回弹再压缩特性进行分析研究,并将数值计算结果与现场监测数据进行对比验证分析。主要研究内容及结论如下。

(1)土体在不同前期固结压力下的回弹曲线趋近平行,在回弹过程初期,土体回弹变形量较小,接近完全卸荷时,土体回弹变形量增大。土体的卸荷程度未达到临界卸荷比时,回弹变形量基本为 0。本书通过试验确定,研究土体的临界卸荷比为 0.434,强回弹卸荷比为 0.841,再压缩加荷比为 0.2 时,再压缩变形量就可达到回弹变形量的 40%;再压缩加荷比为 0.8 时,再压缩变形量大致与回弹变形量相等;再压缩竖向荷载与前期最大固结压力相等时,再压缩变形量可达回弹变形量的 1.2~1.4 倍。

(2)本书实现了等向、机动及旋转硬化三者耦合下的结构性软黏土本构模型的开发。本书基于描述土体各向异性和结构性的 SANICLAY 三维本构模型,采用子增量步显式算法,推导了该本构模型的数值实现格式。本书基于不同应力路径条件下的静三轴试验结果,确定了模型在描述结构性损伤上的准确性和高效性,并对不同应力路径下的塑性势面和屈服面的演化规律进行了分析。

(3)根据本书研究分析可知,应力路径试验可以很好地反映不同应力条件下土体的压缩模量与弹性模量的变化情况。可根据试验结果推算各自模量的取值；根据试验结果与估算结果，取压缩模量的 3～5 倍为土体弹性模量时，将会造成巨大的计算误差，推荐通过室内应力路径试验或者现场原位试验进行模量的取值。

(4)数值模拟计算所得的地基变形量曲线分布规律、应力曲线分布规律与监测数据所得规律极为相似，且数值非常接近，数值计算结果要比监测结果大。取压缩模量的 3～5 倍为土体弹性模量进行有限元计算将会造成巨大的计算误差，推荐通过室内应力路径试验或者现场原位试验进行模量的取值。除深槽段 B 断面基底回弹量为 7.04cm，再压缩量为 6.45cm 外，其他 C、D、E 断面回弹量均接近于 4.3cm，再压缩量均小于 9cm。

(5)置换率分别为 14%、38%、70%、100% 的挤密砂桩复合软土地基分别比天然地基的极限承载力提高了 1.4、3.5、5.1 和 8.5 倍。桩土应力比随着荷载的增加而增加，当荷载约等于承载力特征值时，桩土应力比趋于稳定，置换率为 38% 和 70% 的挤密砂桩复合地基对应的桩土应力比分别为 2.8 和 1.6。挤密砂桩桩长对桩土应力比的影响较小，随着长径比的增加，桩土应力比有小幅度的增加。当置换率为 38%，长径比为 5、6、7.7 的挤密砂桩复合地基对应的桩土应力比分别为 2.3、2.5、2.8。

(6)挤密砂桩的成桩工艺会引起天然地基土体表面隆起，置换率为 38% 和 70% 的挤密砂桩复合地基的平均隆起高度分别为 $0.4D$ 和 $1.8D$，而置换率为 14% 的挤密砂桩复合地基几乎没有隆起。挤密砂桩的破坏模式为鼓胀破坏，高置换率(70%)挤密砂桩的鼓胀破坏深度相对低置换率挤密砂桩更大，鼓胀深度约为 $3.5D$，而鼓胀宽度相对低置换率挤密砂桩较小，最大鼓胀破坏发生在深度约在 $1.2D$ 处，其宽度约为 $1.2D$。高置换率挤密砂桩的鼓胀变形向深度方向发展。

(7)随着挤密砂桩桩长的增加，挤密砂桩复合地基的承载力存在临界值，即挤密砂桩存在临界长径比。不同置换率下挤密砂桩临界长径比不同，低置换率(38%)挤密砂桩的临界长径比为 5，高置换率(70%)挤密砂桩的临界长径比为 6。当挤密砂桩为短桩(小于临界长径比)时，荷载传递系数随着荷载的增加而增加；当挤密砂桩为长桩(大于临界长径比)时，荷载系数随着荷载的增加而减小。短桩主要由桩端承担荷载，而长桩则由桩顶部的桩间土承担荷载。短桩和长桩不同的荷载传递方式决定了不同的破坏模式，即短桩的底部刺入破坏和长桩的顶端鼓胀破坏。

(8)桩土承载力叠加法中的圆孔扩张理论、经验法和被动土压力法均适用于低置换率挤密砂桩复合地基极限承载力计算。而对于高置换率挤密砂桩复合地基，仅适合用圆孔扩张理论和经验法计算承载力。本书基于圆孔扩张理论提出了考虑群桩效应的改进挤密砂桩承载力公式,并通过工程实例证明了其适用性,可预测不同置换率的挤密砂桩复合地基极限承载力。置换率为 14%、38%、70%、100% 的挤密砂桩复合软土地基比天然地基的变形模量分别提高了 1.2、1.5、1.7、2.3 倍。

(9)针对基床工程抛石体,本书基于现场统计与数字图像技术,利用颗粒离散单元 PFC2D/3D 平台,分别建立了重叠圆盘填充、无重叠圆盘填充和三维随机块体颗粒构造方法,用于进行抛石体随机细观介质的重构模拟。随着振动密实时间增加,密实度增长呈现先增加后减小趋势;随着振动幅度增加,密实度呈线性增大趋势;随着振动密实次数的增加,振后密实度的增大趋势逐渐减缓;随着基床厚度的增加,振后密实度呈线性增大趋势,随着抛石粒径平均尺寸的增大,振后密实度呈现先减小后增大的趋势。基床厚度、振动密实时间和振动密实幅度(激振力)是影响基础振动密实效果的主要因素,可通过本书总结的压实度、变形模量与基床厚度、振动密实时间和振动密实幅值(激振力)的拟合公式进行基床振实工艺设计。

(10)碎石基床所选碎石的最小干密度、最大干密度分别为 1.450g/cm³ 和 1.721g/cm³。控制碎石干密度分别为 1.450g/cm³、1.600g/cm³ 和 1.721g/cm³,其三轴压缩试验表明,碎石压缩曲线符合双曲线形态,可用邓肯-张模型进行模拟;碎石基床处于压密的弹性阶段,在 750kPa 的压力下,并未发生塑性变形;在弹性阶段,带垄沟碎石垫层与满铺碎石垫层的荷载位移曲线基本一致,碎石基床变形模量为 6.081MPa;满铺情况下和带垄沟情况下的加载梁钢筋拉、压应力在 600kPa 前呈线性增长,在 600kPa 前的同荷载级别下,压垄沟情况下的钢筋拉、压应力比满铺情况下的钢筋拉、压应力分别大 30% 和 20%。

(11)本书通过对沉管隧道监测数据进行反演分析,将港珠澳大桥海底沉管隧道现场监测数据与数值模拟计算结果进行对比,根据对比分析结果对本构模型、参数选取以及数值模拟方法进行改进和完善,提出沉管隧道沉降计算以及预测方法,并在此基础上进行沉管隧道工后沉降的预测。得出沉管隧道瞬时沉降主要由沉管隧道碎石垫层沉降和地基基础瞬时沉降组成,沉管隧道碎石垫层的沉降量随荷载的增大呈线性增加,合理地控制沉管隧道的瞬时沉降有助于减少沉管隧道的总沉降量并保证沉管隧道的安全;地基土的瞬时沉降其实是地基土回弹再压缩特性中表现为弹性形变的部分,验证了地基土瞬时沉降应为基槽开挖回弹再压缩的一部分;挤密砂桩复合地基加固区沉降主要由桩身鼓胀变形与桩周土固结排水协调变形引起,砂桩承载的同时兼具了良好的排水通道作用,使桩间土在短期内高速完成排水固结,从而在很短的时间内形成稳定的桩-土协调共同承载模式;根据不同置换率调整了原公式相关经验系数,使计算更贴近实际。

(12)本书以现有监测数据对沉管隧道的沉降机理和变形规律展开分析,得出在沉管安放后一段时间内,沉管隧道沉降速率和沉降量变化都较显著,而后逐渐趋于稳定;挤密砂桩段地基基础瞬时沉降量稍小于天然地基段瞬时沉降,挤密砂桩复合地基可有效减小由于黏土层存在而产生的瞬时沉降,地基土的瞬时沉降是地基土回弹再压缩特性中表现为弹性形变的部分,沉管隧道现阶段沉降由荷载施加短期时间内的瞬时沉降、荷载施加一段时间后的回弹再压缩以及正常固结沉降组成;根据隧道沉降变形的一般规律,提出临界荷载的概念以区分瞬时沉降、回弹再压缩和正常固结沉降,定义在沉管隧道地基基础设计中,地基附加应力为前期固结压力时的荷载为临界荷载;界定当荷载未超过临界荷载时沉管隧道总沉降量由瞬时沉降和回弹再压缩组成;当超过临界荷载时沉管隧道总沉降量由瞬时沉降、回弹再压缩和正常固结沉降组成;提出临界荷载设计方法,明确了沉管隧道沉降产生的成因,区分了沉管隧道沉降组成部分,界定了沉管隧道瞬时沉降、回弹再压缩和正常固结沉降,对控制沉管隧道沉降具有针对性意义,为港珠澳大桥沉管隧沉降控制指明了方向,组合基床和复合地基的提出有效地控制了港珠澳大桥海底沉管隧道沉降量过大的可能性。

# 8.2　展　望

(1)对标准排水三轴试验中的割线刚度和卸载-再加载刚度的确定方法的研究思路比较清晰,但试样数量较少,所选土样涉及土层范围有限,且由于试样自身特性的差异和人工试验误差的存在,致使室内试验结果准确性和代表性有待提高,今后需在香港等地区再取土开展相关试验,对沉管隧道地基土体的回弹再压缩沉降特性进行进一步研究。

(2)平移卸载-再加载刚度曲线得出的刚度值需通过 GDS 动三轴设备验证;卸载-再加载操作对试样的抗剪强度存在影响,能否直接在卸载-再加载刚度曲线上直接取割线刚度尚有待进一步商榷。

(3)对于地基土回弹模量与再压缩模量,最好从现场堆载试验中获得,像海底地基这种无法直接获得情况下,可考虑由室内土工试验得到。应选取原位土,进行多组试验,取平均值。

(4)建议对沉管隧道地基回弹再压缩特性研究采用离心机进行物理模型试验,并应用监测数据与离心模型试验和数值模拟计算结果进行对比分析。

(5)建议对土体硬化小应变模型的计算参数的获取方法及准确性进行专门研究,以便对此模型的大范围应用提供理论技术及数据积累。

# 参考文献

[1] 梅甫良,曾德顺. 沉管隧道的进展[J]. 地下工程与隧道,2002(4):11-13.

[2] 陈韶章. 沉管隧道设计与施工[M]. 北京:科学出版社,2002.

[3] 傅琼阁. 沉管隧道的发展与展望[J]. 中国港湾建设,2004(5):53-58.

[4] 杨文武,毛儒,曾楚坚,等. 香港海底沉管隧道工程发展概述[J]. 现代隧道技术,2008(S1):41-46.

[5] 宋建,陈百玲. 沉管隧道穿越江河海湾的优越性[J]. 现代隧道技术,2005,42(3):28-30,36.

[6] 易宁,欧阳东,宁博. 港珠澳大桥海底沉管隧道早期应力参数化分析与裂缝控制[J]. 混凝土,2012(2):130-133,137.

[7] 闵红霞. 复杂地质条件下地道结构不均匀沉降的数值模拟研究[D]. 长沙:湖南大学,2007.

[8] 吴胜发,孙作玉. 地基不均匀沉降对上部结构内力和变形的影响[J]. 广州大学学报(自然科学版),2005,4(3):261-266.

[9] Duncan J M, Chang C Y. Nonlinear Analysis of Stress and Strain in Soils[J]. Journal of the Soil Mechanics and Foundations Division, ASCE, 1970, 96(5):1629-1653.

[10] Bose S K, Som N N. Parametric Study of a Braced Cut by Finite Element Method[J]. Computers & Geotechnics, 1998, 22(2):91-107.

[11] 徐方京,侯学渊. 基坑回弹性状分析与预估[C]//首届全国岩土工程博士学术讨论会论文集. 北京:中国土木工程学会,1990:239-246.

[12] 宰金珉. 开挖回弹量预测的简化方法[J]. 南京建筑工程学院学报,1997(2):25-29.

[13] 罗战友. 关于"深基坑卸荷回弹问题的研究"的讨论[J]. 岩土工程学报,2002,24(5):670-670.

[14] 吉茂杰,刘国彬. 开挖卸荷引起地铁隧道位移的预测方法[J]. 同济大学学报(自然科学版),2001,29(5):531-535.

[15] 陈永福. 深基坑开挖回弹计算的探讨[C]//首届全国岩土工程博士学术讨论会论文集. 北京:中国土木工程学会,1990:1-10.

[16] 李广信. 高等土力学[M]. 北京:清华大学出版社,2016.

[17] 殷宗泽. 土工原理[M]. 北京:中国水利水电出版社,2007.

[18] Skempton A W, Bjerrum L. A Contribution to the Settlement Analysis of Foundations on Clay[J]. Geotechnique, 1957, 4(7):168-178.

[19] 曾国熙,龚晓南. 软土地基固结有限元法分析[J]. 浙江大学学报,1983(1):1-14.

[20] 杨光华. 地基沉降计算的新方法[J]. 岩石力学与工程学报,2008,27(4):679-686.

[21] 沈珠江.用有限单元法计算软土地基的固结变形[J].水利水运科技情报,1977(1):7-23.

[22] 殷宗泽.一个土体的双屈服面应力-应变模型[J].岩土工程学报,1988(4):64-71.

[23] 张延军,张延诘.海积软土弹粘塑性 Biot 固结的数值分析[J].吉林大学学报(地球科学版), 2003(1):71-75.

[24] 李建民,滕延京.基坑开挖回弹再压缩变形试验研究[J].岩土工程学报,2010(S2):81-84.

[25] 李建民,滕延京.土体再压缩变形规律的试验研究[J].岩土力学,2011(S2):463-468.

[26] 王杰光,刘千伟,曾德顺.大型深基坑内沉管地基最终沉降分析[J].桂林工学院学报,2002 (3):274-278.

[27] 徐干成,李永盛,孙钧,等.沉管隧道的基础处理、基槽淤积和基础沉降问题[J].世界隧道, 1995(3):2-18.

[28] 李国维,盛维高,蒋华忠,等.超载卸荷后再压缩软土的次压缩特征及变形计算[J].岩土工 程学报,2009,31(1):118-123.

[29] 赵锡宏,李侃,李蓓,等.大面积、超补偿的干坞地基变形研究——上海外环隧道的浦东干坞 开挖工程[J].岩土工程学报,2004(1):125-131.

[30] 蒋关鲁,胡润忠,李安洪.离心模型试验预测中等压缩性土地基沉降的可行性[J].交通运输 工程学报,2011,11(6):17-23,30.

[31] 刘实,张建红.码头沉箱变形的离心模型试验和数值分析[J].中国造船,2007,48(B11): 309-316.

[32] Duncan J M, Chang C Y. Nonlinear Analysis of Stress and Strain in Soils[J]. Journal of the Soil Mechanics and Foundations Division, ASCE, 1970, 96(5):1629-1653.

[33] Drucker D C, Prager W. Soil Mechanics and Plastic Analysis or Limit Design[J]. Quarterly of Applied Mathematics, 2013, 10(2):157-65.

[34] Drucker D C, Gibson R E, Henkel D J. Soil Mechanics and Work-Hardening Theories of Plasticity[J]. Transactions Asce, 1957, 122:346-388.

[35] Roscoe K H, Schofield A N, Wroth C P. On the Yielding of Soils[J]. Geotechnique. 1958, 8(1):22-53.

[36] Roscoe K H, Burland J B. On the Generalized Stress-strain Behavior of "Wet" Clay[J]. Journal of Terramechanics, 1970,7(2):107-108.

[37] Schanz T, Vermeer P A, Bonnier P G. The Hardening Soil Model: Formulation and Verification[J]. Proleeding of the Irterhational Symposium, 1999(1):281-297.

[38] Kondner R L. Hyperbolic Stress-Strain Response: Cohesive Soils[J]. Soil Mechanics and Foundation Engineering, 1963, 89(1):115-143.

[39] Hardin B O, Drnevich V P. Shear Modulus and Damping in Soils: Design Equations and Curves[J]. Geotechnical Special Publication, 1972, 98(118):859-870.

[40] Benz T. Small-Strain Stiffness of Soils and Its Numerical Consequences[D]. Stuttgart: University of Stuttgart. 2007.

［41］ Whittle A J，Kavvadas M J. Formulation of MIT-E3 Constitutive Model for Overconsolidated Clays［J］. Journal of Geotechnical Engineering，1994，120(1)：173-198.

［42］欧章煜. 深开挖工程：分析设计理论与实务［M］. 2 版. 北京：科技图书股份有限公司，2009.

［43］王钊，陆士强. 强度和变形参数的变化对土工有限元计算的影响［J］. 岩土力学，2005，26(12)：3.

［44］黄斌，徐日庆，何晓民. 初始弹性模量的研究［J］. 岩土力学. 2006，16(2)：683-686.

［45］Schanz T，Vermeer P A. On the Stiffness of Sands［C］// Pre-failure Deformation Behaviour of Geomaterials. Thomas Telford，1998：383-387.

［46］贾堤，石峰，郑刚，等. 深基坑工程数值模拟土体弹性模量取值的探讨［J］. 岩土工程学报，2008(S1)：4.

［47］朱小林. 由原位测试估算砂土岩土参数的方法［J］. 同济大学学报：自然科学版，1995，23(3)：5.

［48］黄涛. 一种用标贯击数直接确定粉土、砂土压缩模量的方法［J］. 勘察科学技术，1997(5)：11-14.

［49］王峻，刘启元，陈九辉，等. 首都圈地区的地壳厚度及泊松比［J］. 地球物理学报，2009，52(1)：10.

［50］Kulhawy F H，Mayne P W. Manual on Estimating Soil Properties for Foundation Design［M］. New York，USA：Electric Power Research Institute，1990.

［51］Burland J B. Ninth Laurits Bjerrum Memorial Lecture："Small is beautiful"—the Stiffness of Soils at Small Strains［J］. Canadian Geotechnical Journal，1989，26(4)：499-516.

［52］Lanzo G，Vucetic M，Doroudian M. Reduction of Shear Modulus at Small Strains in Simple Shear［J］. Journal of Geotechnical and Geoenvironmental Engineering，1997，123(11)：1035-1042.

［53］罗富荣，国斌. 北京地铁天安门西站"暗挖逆筑法"施工技术［J］. 岩土工程学报，2001，23(1)：75-78.

［54］Hardin B O. Closure to ´Vibration Modulus of Normally Consolidated Clay［J］. ASCE Soil Mechanics and Foundation Division Journal，1969(6)：1531-1537.

［55］Brinkgreve R B J，Broere W. PLAXIS 2D Version 9［M］. Delft，Netherlands：PLAXIS bv，2008.

［56］王卫东，王建华. 深基坑支护结构与主体结构相结合的设计、分析与实例［M］. 北京：中国建筑工业出版社，2007.

［57］Santos J A，Correia A G. Reference Threshold Shear Strain of Soil. Its Application to Obtain a Unique Strain-dependent Shear Modulus Curve for Soil［C］// Proceedings of the 15th International Conference on Soil Mechanics and Geotechnical Engineering. Istanbul，Turkey，2001：267-270.

［58］Matsuoka H. Stress-Strain Relationships of Sands Based on the Mobilized Plane［J］. Soils and Foundations，1974，14(2)：47-61.

［59］Matsuoka H，Nakai T. Stress Deformation and Strength Characteristics of Soil Under Three Different Principal Stresses［J］. Japan Society of Civil Engineers，1974(232)：59-70.

［60］Sanglerat G. The Penetrometer and Soil Exploration［J］. Soil Science，1973，116(2)：131.